找回平靜自我

直面情緒中

水木然，白芷娘魚 著

解讀焦慮、失落與憤怒背後的情緒意義
在日常生活中練習回歸平靜的自己！

HOLDING HANDS WITH MY EMOTIONS

情緒背後，那些被忽視的內心創傷……
掙脫「情緒綁架」，重拾溫柔自癒力
學會傾聽內在的聲音，讓每一次低潮都成為蛻變的起點！

目 錄

前言 005

第 1 章　看見自己：拆解負面情緒的起點　009

第 2 章　與情緒對話：學會溫柔地自我接納　021

第 3 章　打造專屬的情緒處方　083

第 4 章　簡化生活，釋放情緒空間　121

第 5 章　用美好滋養內在的精神世界　159

目錄

前言

在正式閱讀本書之前,請先問一下自己,你是情緒的主人,還是情緒的奴隸?

必須承認的是,我們現在所處的環境是複雜且浮躁的。

你會隨時隨地受到外界的一些干擾,甚至是誘惑。也許前一秒你的情緒是這樣的,而後一秒,面對突如其來的狀況,你的情緒又會變成那樣的。

但情緒就完全來自於外在環境的影響嗎?

你可以試著回憶一下,當你每週都在工作的情況下,你可能會認為自己是討厭工作的,你覺得只要給你足夠的假期,你可以一直快樂地在家休息下去。那麼你不妨嘗試一下,在家待 1 天、1 週、1 個月不出門,什麼都不做,只是休息,你覺得你的快樂能持續幾天?

其實即便我們在同一個環境裡,所有外在條件保持不變,沒有突發情況,沒有干擾,沒有誘惑,但這一秒的心情可能和上一秒的心情完全不同。

因為時間是流動的,而你的情緒會隨著時間的流動而改變。但如果你的思維總是隨著你的情緒走,那麼你就會失去

前言

對自己想法的控制權，直到最後，自己完全被情緒綁架。

而一旦你的想法被情緒完全綁架，你會總是控制不住自己的情緒。可能你會試圖拚命與自己的負面情緒對抗，到處尋找發洩的途徑。也有可能什麼都不做，用負面的心態面對一切，直到內心完全麻木。

要知道所有的情緒都是來自於你的內心，因此解鈴還須**繫鈴人**，想要解開情緒的綁架必須靠自己。因為沒有人能知道你內心的真實想法，也沒有人比你更清楚自己的情緒和感受。

而本書的目的就是帶領你解開被綁架的負面情緒，讓你成為自己和情緒的真正主人。

不被綁架的情緒，你可以更容易地達成自己的目標，去完成自己的理想，去貼近你內心真正的自己。

回想一下，有多少次當你下定決心去提升自我的時候，堅持不了幾天就放棄了。有多少次當你想跟一個人好好說話的時候，卻被突如其來的憤怒所影響。又有多少次，當你想要重新展開新生活時，還沒開始就卻步了。

你受自己情緒的影響越深，就會離自己的內心越遠，負面情緒就會越多。這就像是一片泥潭，越用力掙扎就陷得越深。其實不然，要知道所有的情緒都是來自於你的思維。只

要你的想法改變了，泥潭就能瞬間變成一張彈簧床，你陷下去有多深，就能反彈得有多高。

在本書中，你會看到所有的負面情緒其實都能轉換成前進的力量。你無須刻意去戒掉你的情緒，因為沒有負面情緒的存在，你也就感受不到幸福和喜悅。此外，負面情緒還能成為你人生道路中的明燈。在人生的每一個分岔路口上，只要你能正確地使用它，它會像指南針一樣幫助你找到屬於自己的路。

最後，給你一些小小的建議，在你閱讀本書的過程中，不要著急，一定要慢慢來，不要為了閱讀而閱讀。的確，閱讀可以提供你一些思考方式，但不經思考的閱讀，則是毫無意義的。沒有花時間去思考的文字，就僅僅是文字，是一種符號，一種資訊，你必須去思考才能將資訊轉化成知識。

本書除了提供關於應對負面情緒的一些思考方式以外，也提供了許多切實可行的實踐方法。但如果你不去嘗試這些方法，那麼這些方法就只能成為你的「了解」，而無法變成你的經驗。然而智慧的產生又是源於知識和經驗的累積。

前言

第 1 章
看見自己：
拆解負面情緒的起點

> 當我們處於情緒的谷底時，心中密密麻麻地布滿了負面情緒，此刻的我們無論用什麼樣的掃帚去清掃，都只會讓苦惱越掃越多。此刻不妨停一停，什麼也別做，就待在原處，看看自己的負面情緒是什麼樣子，它從哪裡來，又為什麼產生，它到底想要做什麼。一旦你看清它，它就會立即消失。負面情緒就好像是一個調皮的小孩在跟你玩躲貓貓，只要你抓到它，它就會立刻逃走，然後跑向下一個地方，直到再一次被你抓到。

第 1 章　看見自己：拆解負面情緒的起點

由內而外尋找痛苦的根源

　　我們現在所處的社會環境非常複雜，因此我們難免會產生各式各樣的負面情緒，但這並不意味著環境會產生情緒。環境本身是客觀的，是不會產生任何情緒的，是我們在面對環境時的心態，以及我們看待事情的想法導致我們產生了不同的情緒。

　　我們可以由內向外地尋找負面情緒的根源，從一個人的負面情緒上你可以發現失望、悲傷、憂慮、憤怒與他的想法和他過去的生活環境之間的連繫。透過向內尋找答案逐漸理解自己的思維模式，以及為什麼會產生這樣的負面情緒，從而進一步地了解自己，提升自己應對負面情緒的智慧。

　　我們的感受來源於我們的思維，而這些感受又產生了我們的情緒。如果我們不知道負面情緒產生的根源，便會總是情不自禁地深陷在負面的感受之中，然後又在反覆思考中加深這樣的負面情緒。

　　接下來讓我們了解一下以下幾種在職場中常見的負面情緒：

失望

　　失望是源於自己所期望的目標沒有實現或事情並沒有按照自己所期盼的方向發展。

人的失望都是來源於期望，而期望並不是一件壞事，恰恰是因為期望促使人有動力去做這件事或擬定這樣那樣的目標。但可怕的是你把過多想法放在了期待未知的結果上，而並非是去做這件事本身。

世上沒有一件事是一成不變的，如果有，那就是「變化」。唯有變化才是永恆的。你唯一能做的就是跟著變化一起變化。你無法改變任何事情的發展，你能做的僅僅是改變自己的想法，從而改變自己的行動。天冷了，我們就多穿衣服，天熱了，我們就少穿一點。在生活中你應該時刻保持一顆平常心，順其自然，要知道任何事情的發展都不會被個人意志所左右，你能做的就是處理好這中間的過程，坦然地接受結果，不對沒有發生的事情過分期待。

悲傷

悲傷是源於情感的分離，是經歷正在失去的情緒反應。

人都是感情動物，在成長的過程中，我們會處處留下自己的情感，會經歷與自己談得來的朋友、相處許久的同事的分離，甚至是陪伴自己多年的物品也有可能失去。

分離和失去的狀況處處充斥著我們的生活。當你從校園走入職場，從原先單純的環境一下子跳入複雜的人際關係中，強烈的環境對比會讓人內心不由自主地感到悲傷。

第 1 章　看見自己：拆解負面情緒的起點

而這世上無不散的宴席，每一次的相遇都會有分離，而每一次的分離則預告著下一次的相聚。我們要學會在失去中尋找人生的意義，從而更加珍惜目前所擁有的。

憂慮

憂慮是對於一個即將可能要發生的事件，而自己卻無法改變事態的發展從而產生的過分擔心。

現代社會人們最擔心的無非是自己的事業，因為這關乎自己現在和未來的生存。我們害怕失業，擔心隨著年齡的增長無法再找到合適的工作；我們害怕創業，擔心付出的一切最後都付諸東流。人往往會在憂慮的情緒中否定自己，然後不知不覺地在憂慮的思緒中耗費時光，從而忘記了自己所擅長的事情和自己要去做的事情。

憂慮本身並不是一件壞事，俗話說「生於憂患，死於安樂」，有憂慮證明有時代的危機感。這是一件好事，你不滿意現在的生存狀態，希望更進一步地提升自己的價值。可是當你在憂慮的情緒中徘徊時，你的思想就會過分注重憂慮的感受，以至於沒有思考到自己應該去做什麼，從而產生了心理上的壓力。

憤怒

憤怒總是與我們不喜歡的當下狀況連繫在一起，通常指願望不能實現或行動受到挫折從而引起的緊張且不愉快的情緒。

憤怒是一把雙刃劍，在恰當的情況下表露適當的憤怒可以引導結果走向你的預期。而當你運用不當，憤怒這把劍則會讓你自己受到傷害。比如，當你入職後發現自己的薪資和你入職前與人事經理談的不一致，於是你衝進財務辦公室，在眾目睽睽之下發洩自己的怒氣，那麼結果往往會與你的目標完全背道而馳。當你產生憤怒的情緒後，首先可以嘗試尋找一下自己憤怒的對象，並找到問題的原因，從而決定下一步你應該怎麼去做，切勿盲目地發洩情緒。

痛苦

痛苦並不是一個簡單的情緒，而是在糅雜了一系列情緒之後所產生的負面情緒。

當你深陷負面情緒時，你對環境的不滿會引發怨天尤人的情緒，導致周邊的人對你充滿抱怨和不滿。而如果你選擇向內尋找負面情緒的根源，你便能開啟大腦自我糾正的能力，從而控制負面情緒。

通常我們的情緒是非常複雜的。你會在失望中感受到無

第 1 章　看見自己：拆解負面情緒的起點

奈，會在悲傷中感受到內疚，會在憂慮中感受到害怕，會在憤怒中感受到後悔，所以你也可以在這些情緒中獲取智慧。在本章節中，我將帶領你更加清晰地了解自己的負面情緒，並且冷靜地看待它。

情緒的低谷，是下一次提升的契機

能跟隨我們一輩子的除了自己的影子以外，還有我們的情緒。沒有一成不變的情緒，只有不斷變化的情緒。情緒就似人的心臟，不斷地跳動著直至生命的最後一刻。

其實，我們的情緒也是存在週期的，這被稱為「情緒週期」，用來描述情緒的交替過程。「情緒週期」反映了機體內部的週期性張弛規律，亦稱「情緒生物節律」。

當人處於情緒週期的高峰時，就會表現出強烈的生命活力，即對人態度友善，做事認真，容易接納新的人與事物；而反之，當人處於情緒週期的谷底時，則容易急躁和發脾氣。在此期間還容易產生孤獨感，且與人交往時易產生反抗情緒，顯得喜怒無常。

當你處於情緒週期時，你無須借用外力逃避甚至是抵制在此過程中所產生的負面情緒，因為在痛苦的情緒下你所產生的念頭並不是完全真實的。

人的感受其實總是優先於念頭而產生。在人的情緒起伏中，你會因為自己不同的感受而產生不同的情緒，你的期待會讓你充滿熱情，你的不服氣會讓你充滿鬥志，你的疲憊感會讓你感受挫折，而當你終於達成目標後你又會再次恢復平

第1章　看見自己：拆解負面情緒的起點

靜。情緒就是這樣周而復始地作用著。當然，你的念頭也會隨著情緒的週期性運動而產生不同的想法，但是這些想法都是短暫的，不真實的，當你進入下一個情緒階段時，你的想法就會隨之改變。

所以，當你處於職場的情緒週期中時，你無須過分在意自己的想法，不要讓自己的行動被自己短暫的想法所綁架，而應充分體會和感受當下。學會在痛苦中磨練自己，提升自己，讓自己變得更有價值。

為什麼成長伴隨更多情緒壓力

感受痛苦是每一位職場人士的必經之路，也許你會感嘆：還是小時候過得更快樂一些，甚至你會希望回到童年時光。

但是真實的情況並非你所想像的那樣。越來越多的證據表明：正面情緒和負面情緒是可以彼此獨立存在的。在一段時間內，人可以感受到很多快樂，但同時也能感受到不同程度的痛苦。

換言之，童年除了快樂還有不快樂的時光。回想一下，在童年時，你會因為考試沒考好而感到焦慮和惶恐，希望快快長大，遠離作業和考試。你也會因為口袋裡的零用錢不夠，買不了心愛的物品而感到遺憾，希望長大以後能擁有更多的金錢。

事實上，人對於過去的感受是會出現偏差的。當人面臨困境時，不會想起小時候的痛苦記憶，只會懷念過去的美好時光。而當你現在感受到愉悅時，則又會追憶起曾經的艱辛。

人之所以會有這樣的感受機制，其實是為了證明當下的感受是真實的，是正確的。當你處於負面情緒的時候，追憶

第 1 章　看見自己：拆解負面情緒的起點

過去的快樂是為了進一步證明你現在的悲傷、痛苦等感受是真實的，而當你感到快樂、幸福的時候，你追憶過去的不幸則會加大你現在感受幸福的程度。人的念頭總是會隨著情緒而變化，因此不要太相信這些感覺，感覺是會騙人的。

例如，當你找到心儀的工作時，你也許會高興一整天，但是你不會高興很長時間。但如果你失業了，那麼你很有可能會難過很久。人對壞事的體驗感要遠遠高出對好事的體驗感。

但這並不是一件壞事，人類對於危險和刺激的事情總是會銘記於心，這是人類進化發展歷程中留下的優秀特質。在遠古時期，人類在危險的環境下產生的心理刺激機制，會使人在遇到相似的情況時提高警覺性。

此外，我們看待過去發生的事情時，都會不自覺地戴上濾鏡，並且還會隨著年齡的增長而更換濾鏡。

當人們越是對現實不滿，就越是想要逃避。透過對過去事件的重構，讓自己感受到欣慰和喜悅，但這樣的感受實際上是短暫且不真實的。你必須去正視自己的負面情緒，如果你一味地逃離現實環境，重構過去的記憶，只會讓自己陷進當下的負面情緒中。越是美化過去的記憶，當下的痛苦感受就會越深刻。

物質追求與內在痛感的惡性循環

享受外在的物質在一定程度上的確會讓人感受到愉快，但是我們卻不會因為物質帶來的愉悅而感受到幸福。相反，我們卻在物欲橫流的生活裡感受到了壓力、焦慮等一系列的負面情緒。

人對物品的幻想實則來源於逃避且不願意面對的真實自我的內心。當你越是想透過外在的力量去解決內在的情緒時，你越是會不由自主地對外在事物充滿幻想，因為這樣的幻想會讓人感受到愉快，可惜這樣的快感是非常短暫的。當你開始對物質充滿幻想後，你會習慣性地依賴於此，從而變得更加痛苦。如果你認為物質能夠賦予你意義甚至為你創造出價值，你就會被不正確的消費觀念所綁架。當你對物質的情感遠遠超出了正常的喜愛之情，並且認同物質被賦予的外在定義，從而又不自覺地對此充滿情節式的幻想時，你便會將更多的金錢、時間以及精力投入此中而忽略了當下真實的自己。你離現實的自己越遠，痛苦的程度就會越深刻。

你必須摒棄對外在物質的幻想，才能活得更加真實。

不要讓自己因為這些虛無縹緲的幻想而負債累累，這樣的你只會生活在壓力和焦慮中。正視自己的弱點和不足，把時間真正地留給自己，活在當下，不斷地去提升自我的內在

■第 1 章　看見自己：拆解負面情緒的起點

價值，也唯有這樣你才能從根源上擺脫對物質的幻想，擺脫物質對你的綁架。

第2章
與情緒對話：
學會溫柔地自我接納

　　負面情緒一定會讓你感到不舒服，但這並不意味著負面情緒就一定不好。相反，負面情緒總能讓你更好地了解自己，它就像一個警示燈，或者是你人生重新開始的按鈕。因此我們要正視它的存在，肯定它的重要性，讓負面情緒成為自己的助力，讓它成為自己前進的動力。

　　在本章中，你可以完全按照接下來的5個步驟進行實踐，逐步與自己的負面情緒和解。這可以作為你應對情緒的緊急方式，也可以作為一項長期的訓練。

第 2 章　與情緒對話：學會溫柔地自我接納

步驟一：停止對抗，開始理解

在這個快節奏的時代裡，35 歲已經成為一個行業的瓶頸期，很多企業都會選擇性地裁掉一批 35 歲左右的人。為什麼會出現這樣的情況呢？難道 35 歲很老嗎？

還是 35 歲的人能力不足？

其實都不然。35 歲在職場中恰恰是一個轉型期，在公司如果你 35 歲還沒有當上小主管，那麼必然你的同齡人甚至比你小一些的人會坐上這個位置。那麼，一方面出於管理角度考量，新上任的主管會選擇培養一批自己的團隊。另一方面也是出於性價比的考量，面對同等的工作品質，公司更喜歡選擇年輕人。

如果你恰好在這個時期被公司裁掉，且在一段時間內找不到合適的工作，那麼你必然在心理上會有許多負面情緒，比如：擔憂、焦慮等，但這些都是非常正常的感受。

如果你討厭這樣的感受，逼自己忽略這樣的情緒，那麼你可能會做出一些消極的事情。

有些人在這種情況下會選擇整日流連網路，或者成天在家睡覺休息，從而逃避和忽略自己真實的內心感受。

時間一久，你的精神狀態就會麻木，對外界的資訊變得

不再敏感。麻木實際上就是自己的主觀意識不願意接觸外界事物，從而關閉自己的感官神經。

當一個人的精神狀態開始麻木時，痛苦的感受力會減弱，但同時也感受不到快樂。麻木的人生通常是渾渾噩噩的，像行屍走肉一般。

實際上感受負面情緒是一種開悟的過程，不要去抵抗負面情緒，去充分體驗負面情緒帶來的痛苦感受，從而進行深度思考。那麼，35歲的瓶頸期就會變成你人生的轉型期。

你要知道外界的一切都是不值得依靠的，唯有自己的能力才可以讓自己依靠。所以當你被迫離開熟悉的職位時，你正好可以思考一下自己的能力，是不是自己並不擅長這份工作，又或者這份工作並不是自己的興趣所在。

跟著你的直覺走，重新出發，換一份你喜歡的工作，嘗試一些新的環境。不要逼自己做不擅長又不喜歡的事情，這樣你一定做不好。

就像一個喜歡說話，喜歡交際的人，整天在公司處理報表，那麼他一定會覺得既枯燥又無聊，自然也就不願意把心思都放在工作上，對於工作也就沒有了熱情。那麼這時候你可以聽從自己的感覺，換一份銷售性質的工作。可能你會覺得目前的工作是自己的專長，如果換一份符合自己性格的工作不一定能夠勝任。其實這樣的擔憂完全是多餘的，因為做

第 2 章　與情緒對話：學會溫柔地自我接納

自己不喜歡的工作，要麼是熬年限，要麼就是榨乾了自己的熱情。只有做自己喜歡且擅長的事情，你才會願意鑽研下去。

人的能力也是有感情的，它也有自己的喜好。把自己的能力放在正確的位置上，那麼你的能力才能真正發揮作用。當你的能力放錯了位置時，它就會讓你產生負面情緒，如果你不去正視它、面對它，而是刻意選擇抵抗它、消除它、忽略它，那麼你一定會覺得更加痛苦。

你一定要清楚負面情緒是什麼，它就是你思維的暗示。換一種思維方式，換一種行動，負面情緒就會轉變為正向的情緒力量。

其實在正向心理學興起之前，心理學是病理式的，以治療為導向。這種治療式的思維在大眾的內心已經根深蒂固。大家有了負面情緒就會尋找對抗方式，怎麼辦？怎麼治療？但是這種治療式的思維，在過去的半個多世紀裡，並沒有使得憂鬱症患者數量減少，反而是大大增加了。

在第 1 章裡我們提到過，正面情緒和負面情緒是可以彼此獨立存在的，它們是同一個精神上的兩個不同向度。

對抗負面情緒，並不能帶來正向的情緒和感受，相反，你可能會變得更加痛苦，或者呈現出更麻木的狀態。但是麻木的狀態如果持續時間太長，那麼自己內心必然也會感受到厭棄，甚至也會受到周遭人的厭棄。

步驟一：停止對抗，開始理解

所以本章中，我要帶領大家學會與自己的負面情緒和解，而不是對抗。當你能感受到自己的負面情緒時，你只要待在原處不動，去感受負面情緒帶給你的直覺，然後順著自己的直覺走，把負面情緒累積的能量轉換成走向正面思維的動力與熱情，那麼不僅負面情緒會消失，而且你會藉此走向一個更高的境界。

這裡我要介紹兩種由負面情緒轉向而來的正面體驗：

感官享受：

指機體消除內在緊張感之後的一種主觀體驗，是人感覺身體放鬆的一種狀態。屬於感覺類的體驗。舉個例子，很多人在心情不好的事情，會選擇運動，運動會刺激人的感覺，當你跑完步後，身體就會感受到被舒展開來，大汗淋漓後也會感覺精神很放鬆，從而享受到感官的愉悅。但是這種感受是淺層的，它並不能維持很長時間。

心理享受：

指個體打破了原先的固有思維，超越了個體原有的狀態。例如，當你被迫辭職後，重新去審視了自己的能力和興趣，從而找到了一個更適合你的領域，你便開始了新的人生體驗。又或者當你曾有著深信不疑的目標，然而無論你多麼努力，都無法達到自己所設定和追求的目標時，這時候你換了一種新的思維方式，把原先設定的目標進行延伸，找到目

第 2 章　與情緒對話：學會溫柔地自我接納

標背後的目的，此時重新出發，根據新目的來設定新的努力方向。這是一種直覺類的體驗，類似於豁然開朗的感受。這種感受是更深層次的，也是持續效果更長久的。它能帶領你走向更高的境地。

那麼，怎麼做才能達到「心理享受」的體驗呢？

方法 1：停止抱怨外在環境

不要抱怨他人，即使自己當年很慘，因為抱怨於事無補；更不要抱怨自己，只有改變自己對生活的期待，才可以真正解除痛苦。

—— 安東尼・羅賓（Anthony Robbins）

沒有人能承諾和擔保你一生下來就享受陽光燦爛的平等。你去看看動物界，就知道平等是多麼罕見了。平等是人類智慧的產物，是維持大多數人安寧的策略。你明白了這件事，就會少很多憤怒，多很多感恩。你已經享受了很多人奮鬥的成果，你的回報就是繼續努力，而不是抱怨。

—— 佚名

你抱怨的人並不會因為你的抱怨而變成你喜歡的人，外在的一切環境也不會因為你的抱怨而變成你想要的樣子。那麼既然如此，抱怨又有什麼意義呢？

相反，抱怨不僅沒有任何正面效果，它甚至還會帶來一連串的負面影響：

它會讓你養成翻舊帳的習慣。

當你在抱怨中，你會不可避免地回憶過去而忽視當下發生的事情。事實上，過去的回憶並不一定是真實的，你會不覺地把自己當下的情緒夾雜進過去的記憶中，從而加深了痛苦的感受。而過去發生的一切，又都是不能改變的，因此翻舊帳只會讓你對過往耿耿於懷。

它會讓你成為一個令人討厭的人。

人是社會性的存在，因此人與人之間是相互影響的。

當你抱怨時，你所帶來的負面影響也會讓他人感受到。沒有人喜歡悲傷、不幸和痛苦，因此你的抱怨也會讓旁人沉浸在負面情緒中，從而令人感受到厭棄。而當你成為一個令人討厭的人時，別人對你的討厭你也能深刻感受到，這樣就會進入一個惡性循環。你討厭環境，環境也討厭你。

它會讓你成為一個懦弱的人。

人的勇敢是展現在當你感覺環境在變化時，你能夠積極轉換自己，而不是改變環境。打破一個杯子是很容易的，而改變自己的思維是很困難的。一旦你養成了抱怨的習慣後，你總會把一切歸咎於環境，從而忽視自己內心的成長，逃避

第 2 章　與情緒對話：學會溫柔地自我接納

現實，逐漸讓自己成為一個懦弱的人。

它會讓你變得敏感而多疑。

抱怨周遭的人和事情會使你自己進入到受害者模式中，你同情自己，感覺自己十分可憐，好像別人都在欺負你。你會在與人的相處中變得越來越敏感，你害怕自己會再次受到傷害，總是懷疑周遭發生的一切也許會傷害到你。

它會剝奪你體驗不適感的背後意義。

所有讓你不舒服的事情，背後都有著你看不見的價值。情緒的不舒服就好像你得了感冒一樣，它會使你去反思自己為什麼會感冒，是最近太累了導致抵抗力下降，還是因為最近天冷了而衣服穿得太少而導致的著涼，又或者是最近去了什麼擁擠的公共場所被傳染了病毒。這種反思可以提醒自己多加注意。

情緒的不舒服也是如此，只有你真切體會到了這種不舒服感，才能去反思自己的所作所為和所思所想，並從中找出原因進行更正。而如果你用抱怨去掩蓋這樣的感受，那麼你永遠無法體驗到不適感的背後意義。

既然你現在已經知道了這麼多關於抱怨帶來的負面影響，那麼接下來你可以嘗試以下方法減少抱怨：

1. 牢記抱怨的危害

很多人無法停止抱怨是因為不知道抱怨會為自己帶來什

步驟一：停止對抗，開始理解

麼樣的麻煩和後果，就像沒有人會喜歡吃過期的食物，人們深知食用過期的食物會傷害自己的身體。人的本性是趨吉避凶的。同樣的，你可以反覆閱讀上述由抱怨帶來的危害並牢記心中，告訴自己抱怨是會傷害到自己的，為了讓自己避免被傷害就必須要停止抱怨。

2. 減少說話

當你正處在負面情緒之中，往往自身會選擇透過言語去發洩情緒，因為說話是沒有場景限制的。假設你採取砸東西，或者大喊大叫等行為，那麼你可能需要一個特殊環境，而說話則不受限，你可以隨時隨地傳訊息、打電話，或者直接抓住周邊的人聊天就可以吐露自己不愉快的情緒。但是當你沉浸在負面情緒中，你難以保證自己說的話不是消極的、負能量爆棚的，而這樣做就會打開發洩甚至是抱怨的按鈕。因此當你感到不開心的時候，盡量減少說話，不要把負面情緒傳遞給他人。

3. 發現事物的優點和好處

每件事情的發生總有好的一面和壞的一面，如果你總是看著壞的方向，便會忽略好的一面，總是陷入壞心情中。如果你試著換一種思維方式，把目光轉移到這件事情的正面意義上，那麼你的精力也會減少在消極面的停留。

研究顯示，當人們把精力都集中在事物的正面，甚至會忽視掉事物不好的一面。比方說，當你進入一家大型企業

第 2 章　與情緒對話：學會溫柔地自我接納

中，你會有很多升職空間，但是不可避免的是你也會面臨複雜的人際交往，如果你把自己的精力都放在對自己的價值提升上，那麼你就不會對周遭人的一言一行那麼關注和在意了。同樣的，與一個人相處也是如此，只要你發現對方的優點，只看他的優點，只和他的優點相處而不是念念不忘他的缺點，那麼任何人對於你而言都沒有什麼好抱怨了。

4. 把目標定得更容易一些

如果你告訴自己從今往後再也不要抱怨了，那麼很可能是無法做到的，甚至你會很快就忘記這件事。因為「從今往後」這個概念太廣泛了，並不實用。你可以把目標定得再精確一些，更貼近實際一些。

比如你規定好自己今天上午不要抱怨，那麼到中午的時候，你再回想一下自己是否做到了，如果做到了就給自己一個獎勵，可以是一頓美味的午餐。午餐過後你再定一個目標讓自己下午也不抱怨，那麼到了晚餐時間，你再回想一下自己是否做到了。這樣每次定時定點的獎勵就會讓自己更容易去達成這個目標。通常一件事重複 3 個月後，人就會形成習慣，久而久之，你會很快養成不抱怨的好習慣。

方法 2：避免回憶傷痛

在本書的上一章節中提到過，過去的記憶是有偏差的，尤其對過去已經發生過的事情，當你回憶過往會不自覺地夾帶現在的情緒，替記憶潤色，而之後當你再回憶時，你的記憶不僅會帶有過去的情感潤色，還會繼續帶上你現在的情緒，因此越回憶，回憶可能就越不真實。

在以往的心理學研究中有一種追溯論，意指你現在的負面狀態一定與過去的經歷有著某種關係，因此在以往的理論中，心理師會讓你盡可能地回憶過去的不幸，並去研究這些不幸的往事，從而下定論你現在的負面狀態是由於過去的經歷導致的。而這樣的方法不僅沒有使得人們走出負面情緒，反而使自己對過往和現狀產生了極大的憎恨。實際上，這樣的做法就如同當你切菜的時候一不小心割傷了自己，隨後自然無可避免地就會感受到疼痛。但這時候心理醫生告訴你，「來，你再割傷自己一次，我們來研究一下整個事件的發生始末。」這無疑是一種二次傷害。

很多現代心理研究學者都提到過「原生家庭」這個概念，把一個人所有的性格問題都歸咎於原生家庭。你現在過得不開心，你現在工作不順利，你現在婚姻中遇到了麻煩，大家都會先去研究你的原生家庭，並試圖在那裡尋找到答案。

第 2 章　與情緒對話：學會溫柔地自我接納

世界上沒有一個人是十全十美的，每個人都有原生家庭。即便你是孤兒，人們也可能會說由於你在成長環境中缺少了父母的愛，導致你在職場上出現了人際交往的障礙。而如果你是一個有著社會地位且事業較為成功的孤兒，那麼人們也可能會說，由於你在成長環境裡沒有受到父母的約束，因此成長得非常自由，導致你與他人的思維模式不同。由此可見，無論你是一個什麼樣的人，人們都能把你現在的狀態歸咎或歸功於原生家庭。這就彷彿一年四季你就只穿一件衣服，下雨了也不撐傘，天氣熱了也不換短袖，一切生病就只怪天氣。天氣下雨，所以著涼，天氣太熱，所以中暑。聽起來合情合理，但是卻忽略了人的主觀能動性。

即便你是一棵不會說話的樹，你也會根據天氣的變化而選擇發芽或落葉，更何況你是一個活生生的人。把現在的問題歸咎於過去的外在環境和處境，那麼當下的問題永遠都不能解決。因此，回憶過去的傷痛是毫無意義的。

心理專家說過，「人的記憶是非常奇怪的東西，我們希望它記住的東西，它虛與委蛇，成為過眼雲煙，我們希望它遺忘的，它執著著、死心塌地地銘記。」

其實很多人並非有意去回憶傷痛的過往，但是它就是會在不經意間出現，跑出來影響你的心情。如果你不能辨識它，那麼你就會被它緊緊地捆綁住，因此你必須要學會辨識

步驟一：停止對抗，開始理解

當下的感受，去感受當下的情緒，靜靜地處在那個狀態然後找出它的根源。

當然這並不是一件容易的事情，畢竟回憶在暗處，而你在明處，那麼我們應該怎麼做才能在不經意的回憶中迅速走出來呢？

1. 想一想你現在正在做什麼

有時候當你一個人走在路上時，眼睛裡明明看著的是前方的馬路，然而腦海裡就會浮現各式各樣的畫面，當然也包括令你傷痛的回憶。這時候你只要有意識地去關注你現在的感受，然後告訴自己你現在正在走路，馬路旁有什麼，前面有什麼，還有多久能到達目的地，只要你短暫地問自己幾個問題，傷痛的回憶就會立刻被打斷並隨之消失。

2. 把「過去的痛苦」一詞換成「成長」

人與詞彙之間是有互動的，比如當你讀「開心」這個詞的時候，你就會知道什麼樣的狀態是開心的，你不會把開心和痛苦的感受混淆，畢竟這兩個詞彙所帶來的感受是不一樣的。因此當你在回憶「痛苦」時，你便會感受到不舒服，比如悲傷的情緒。那麼，你只要把「過去的痛苦」一詞在腦海裡換成「成長」，你就能對這段回憶釋然。當這段回憶不能再對你造成影響時，它就會離開。

033

第 2 章　與情緒對話：學會溫柔地自我接納

就好像一個巴掌拍不響，如果你不去對這段「傷痛回憶」進行回應，它也就會覺得沒有存在的意義，便會自動消失。此外人們對於「成長」一詞，通常是抱著中立的態度，因為每個人都會成長，成長是一件普遍存在的事情，也是每個人必經的事情。因此，當你把「過去的痛苦」一詞換成「成長」後，即便痛苦的回憶想要在你腦海裡興風作浪，你也會以平常心去看待。

方法 3：告訴自己不要想太多

人們對抗負面情緒時並不會用現實的武器，而是會用思想的武器，無論你是尋求外在的原因還是追憶過去，其本質都是因為你想太多了。

大多數人都會認為喜歡思考是一個好習慣。但是事實上我們所認為的困難以及由思考帶來的負面情緒都是思考的產物，當我們認真思考一件事情的時候，往往就會冒出來很多問題。比如下班前主管突然說，「明天有一件很重要的事情要宣布，大家記得帶身分證。」如果你認真去思考這句話，你會去想明天是什麼日子？最近公司有發生什麼事情嗎？為什麼要帶身分證？諸如此類的問題。而這些問題實際上都是無解的，因為這句話並不是出自於你，你無法理解說這句話

的人真正要表達的意思。

很多情商管理課會教大家去揣摩上司的意思，但是當你去揣摩別人的心思時，你就會忽略了當下自己應該做什麼。實際上很多事情並沒有什麼背後的意思。但是當你過度解讀這些東西時，你就會回到上述的失誤中，開始回憶過去不好的事情，從而又引發了新的負面情緒。

此外，人有時候會在過度思考中極力去獲取成就感，尤其當你認為你想通了一件事後而產生的興奮和刺激感，這種醍醐灌頂或是細思極恐的感覺會讓你上癮。最後總是習慣性地喜歡想太多，但是很多事情自己又想不通，於是便陷入糾結的情緒中，緊張而焦慮。

實際上這種狀態是不可取的，因為思考太多的問題就會製造問題。很多事情本來沒有什麼問題，但是當你覺得這是一個問題的時候，它可能就成了一個問題。然而人們對於問題的態度總是會尋求解決方案，但是對於一個本身就不是問題的問題，又怎麼能夠尋求到解決方案呢？這種思維模式實際上是一種自虐模式。

你所認為的想通一件事，無非是在你的認知範圍裡尋求答案，但是真正的答案或許並不在你的認知體系裡。也就是說，你對於一件事的看法總是處於你的角度，而這件事情本身並不是單由你的角度而發生的。即便你認為你尋找到了答

第 2 章　與情緒對話：學會溫柔地自我接納

案，很多時候這個答案要麼是片面的，要麼就是完全錯誤的。

在認知心理學中有這樣的研究發現：人類 90％的認知都是無意識的。意思是我們的想法和思緒大多都不是我們真正的想法，我們對事物的認知大多數不是主觀推動的，而是被動的意識。這種被動的意識可能來自你身邊的人，也可能來自社會環境，總之，這種意識並不是你真正的想法。

比方說，當你在公司完成了今天的任務，並且也已經到了下班時間，但你發現周遭的同事和主管沒有一個準備起身離開，他們都在敲著鍵盤。這時候，你可能會想：「我是不是不應該走，別人都沒走我第一個走會不會不太好？」，又或者你會認為：「是不是自己還有哪些工作沒有做完，是不是自己遺漏了公司群組的公告？」這些想法都是你無意識產生的，都是突然冒出來的，並不是你透過深思熟慮後的認知。而這些想法之所以會冒出來，是因為一般社會性的職場認知，即：主管走了，同事走了，那麼我也可以走了。如果大家都沒走，我走了，那麼所有人都會注意到我，而這種「注意」可能會帶來一些不好的事情。

因此很多時候，人們之所以會過度思考，實際上也是受外界的影響，畢竟人是社會性動物，需要人際交往也需要照顧到別人的感受。那麼，既然思考是不可避免的，怎麼才能做到盡量避免過度思考呢？

1. 注意自己當下的感受

思考會帶給人不同的情緒，可以說所有的負面情緒都是來自於你的想法。所以當你感受到自己的現狀是痛苦的、緊張的、焦慮的，那麼你就要開始懷疑自己的想法是不是正確的。人的想法並不一定都是正確的，錯誤的想法必然會導致負面的情緒。而當你置身於此想法的當下時，你很難辨別自己的想法是否是正確的。但是此刻當下的感覺是真實的，因此要時刻注意自己當下的感受，如果感覺不對，要先暫停思考。因為你並不知道哪一種想法才是正確的，否則你又怎麼會想太多呢？換一種思維方式聽起來很容易，但是實際做起來很難，也許你會走進另一個思維的深谷，那麼此刻最好的辦法就是讓自己暫停思考。

2. 讓自己行動起來

人的大腦每時每刻都在運轉著，暫停思考對於很多人來說也有一定的難度，能夠自由控制自己思維的人並不多，而且大部分的人甚至不知道暫停鍵的按鈕在哪裡。其實想要讓自己的大腦暫停一會兒，最簡單的辦法就是讓自己行動起來。比如，當你在質疑現在能不能下班時，你可以直接詢問一下，今天還有別的事情嗎？我可以下班了嗎？

那麼問題很快就會得到解決。另外很多時候其實並沒有任何事情發生，你只是在咖啡館裡喝茶時突然想起了最近發

第 2 章　與情緒對話：學會溫柔地自我接納

生的不愉快的事件，於是陷入了深度思考，審視自己最近的行為，然後越想越不對。這時候，你已經感受到了不愉快的情緒，那麼怎麼辦呢？很簡單，你可以站起來走一走，或者伸個懶腰，讓自己動起來，保持動的狀態一分鐘以上，那麼你會很快忘記剛剛在想什麼。讓自己動起來就是一個思維的暫停鍵。

在行為心理學中，人的意識和想法會隨著機體的行動而改變，也就是說心理學不單單是對意識的研究，同樣也可以追溯到對行為的研究。所以只要改變自己的行動狀態，那麼意識也會跟著改變。

任何行為都有兩面性，包括思考。你可以在思考中成長、成熟，變得更有智慧，但是過度的思考同樣也會讓你變得多疑、敏感、焦慮甚至是痛苦。那麼我們該如何掌握這個分寸呢？

你只要記住，正確的思維方式會讓我們感受到舒服、輕鬆和愉快，這是走向智慧的方向，而當你的想法讓你產生糾結、緊張、焦慮、憎恨等一系列不舒服的感受時，你必須要按下暫停鍵，停止過度思考。

步驟二：為精神按下暫停鍵

研究顯示，負面情緒與精神狀態有著密不可分的連繫。當人在一個緊張的情緒環境中，很難做到正向思考，相反，在這樣的情緒中人們會開始幻想事情的負面結果，那麼更多的負面情緒就會隨之而來。

你可以試著回憶一下，如果你在工作上不順利，且在較長的一段時間內沒有解決這個問題，甚至問題變得越來越多，那麼當煩躁、不順心累積到一定程度時，你再刻意地去壓制自己的憤怒，會使你整日精神頹廢，或者不想搭理其他人，也不想做任何事情。最終你會發現自己被這些負面情緒籠罩著，什麼也做不了。

當然你也會試著讓自己不斷地去調整情緒，比如按照步驟一的方法讓自己行動起來，盡可能地不去想這些事情，但是你會感到負面的情緒始終在胸口徘徊，吞不下去又吐不出來。

這是因為負面情緒消耗了我們的精神能量，就像汽車沒有了燃油，即便把壞掉的汽車修好，依舊是跑不起來。

那麼，如何才能替我們的精神加滿「油」呢？

首先你要把腦袋裡的負面情緒釋放掉，讓腦袋有空間去加「燃油」。如果沒有把負面情緒釋放掉，硬加「燃油」進去，那

第 2 章 與情緒對話：學會溫柔地自我接納

麼你只會感受到更沉重的負擔。就像一個已經吃太飽的人，你讓他再去吃點東西，即便食物再美味，他的胃也受不了。

因此，釋放負面情緒尤為重要。

釋放情緒有很多種辦法，人們最容易想到的就是發洩情緒，比如當一個人難受的時候，大哭一場心情就會舒暢很多，但是大哭過後你會發現自己的身體會更累。實際上，發洩是一個消耗體能的事情，並且對身體也有一定的傷害。一旦你習慣採用這樣的方式，你可能會對這種發洩方式上癮。因為這是最快速釋放情緒的方式，可以隨時哭泣，隨時發脾氣，但是這樣的方式會讓你越來越掌控不了自己的情緒，變成一個愛哭鬼或者易怒的人。

下面我們就來看看，經常發脾氣會對人體造成哪些傷害：

- 大腦：經常發脾氣會破壞大腦興奮與抑制的節律，加快腦細胞衰老，弱化大腦的功能。並且發脾氣的同時會有大量血液湧向大腦，使得腦血管的壓力增加。此時腦內的血液中含有的毒素最多，氧氣最少。當你憤怒時，你的思維就會產生混亂，這便是大腦缺氧的證明。很多人在發脾氣的時候，第一個感覺就是腦袋像爆炸了一般，頭痛欲裂。

步驟二：為精神按下暫停鍵

- 心臟：當你發脾氣時，會引起心跳加快，心臟收縮力增加，血壓升高，血液變得黏稠，同時大量的血液會衝向大腦和臉部，會使供應心臟本身的血液減少而造成心肌缺氧。心臟為了有足夠的氧氣供應只好加倍工作，亂跳一通，於是心跳就會變得更加不規律，這是極其危險的事情。
- 肝臟：當人在憤怒時，機體會分泌一種叫兒茶酚胺的物質，作用於中樞神經系統，使血糖升高，脂肪分解加強，導致血液和幹細胞內的游離脂肪酸增加，而游離脂肪酸具有很強的毒性。因此經常發脾氣會導致肝功能減弱。
- 皮膚：人在發脾氣或在哭泣時會顯得面紅耳赤，這是由於大量血液湧向了臉部，血液中的氧氣少而游離脂肪酸等毒素增多，這些毒素會刺激毛囊，引起毛囊炎、色斑等。因此習慣用發脾氣和哭泣來發洩情緒的人往往皮膚看起來會比較差，甚至相較於同齡人會更顯老一些。
- 胃部：很多人反映生氣的時候，會感到胃痛。實際上，當人在氣憤中，腦細胞會工作紊亂引起交感神經興奮，並直接作用於心臟和血管上，使胃腸中的血流量減少，蠕動減慢，食慾變差，胃液增加，嚴重的話甚至還會引起胃潰瘍。

第 2 章　與情緒對話：學會溫柔地自我接納

除此以外，肆意的情緒發洩會導致我們的內分泌系統紊亂並傷害機體的免疫系統，因此透過發洩情緒來釋放情緒壓力並不是一件值得推薦的做法。

另外還有一種情況是，刻意的思維習慣也會使得精神產生壓力和緊張。原本你的精神是處於放鬆狀態，但是透過刻意的訓練思維導致思想受到了牴觸而產生了痛苦的感受。

那麼什麼是刻意的思維訓練？比如小時規劃法，就是把每天幾點要做什麼、想什麼都按照自己設定的計畫執行。實際上這種做法會讓人透不過氣來，因為思維是流動的，當你的想法走在右邊時，你硬要把它拉往左邊，那麼痛苦就會產生。尤其把每天的時間規劃到非常具體的每小時後，你的精神會處於非常緊張的狀態。有一些人在制定完非常詳細的每日時間規劃後，如果在某一個時間點內的事情沒有做或者是沒有做完，那麼他就會產生深深的罪惡感，認為是自己的錯。

如果長期讓自己處於這種狀態下，你會變得非常消極，而產生這樣的原因是因為你的情緒感到太累了。我們說行動會產生情緒，不同的行動會產生不同的思緒，如果在一段時間內做出一系列不同且複雜的行動，那麼情緒會跟著行動一起變化，身體、精神都會感受到疲勞。當精神產生疲勞後，情緒便會走向消極的一面。

很多人在實行自己制定的小時規劃表時，不久就會發現

步驟二：為精神按下暫停鍵

根本無法執行下去。即便有些人意志力特別強，能夠做到這些內容，但內心也是承受了極大的痛苦的。

有一篇文章曾經提到，下班後的 4 小時做了什麼決定了你人生的下半場該怎麼走。因此很多人就開始焦慮起來，制定了下班後的時間規劃，幾點吃晚飯，幾點看書，幾點盥洗洗澡，把每一分鐘都安排得非常詳細。但真實的情況是，當你下班回到家後，已經非常疲憊了，你只想要休息一會兒，有些意志力薄弱的人很快就放棄了這個時間表的計畫，然而情緒的焦慮並沒有消退，他們會深深感受到自己的頹廢從而又產生了無奈感。

有一些人意志力比較強，會持續執行一段時間，但是最終也失敗了。因為在此過程中，他必須去抵制所有的負面情緒，扛住所有的壓力，但時間一長，當他精力消耗殆盡時，便會恢復到從前的狀態，這會使得他也產生深深的罪惡感和無奈感。這就是為什麼很多人一直在制定各種減肥計畫，卻始終沒有瘦下來，或者瘦下來後又很快恢復到原來的樣子。

其實並不是你意志力薄弱，而是抵抗負面情緒反而會加重壓力和痛苦。這就相當於自虐，其實還有一種更好的方法可以讓自己達到目的，那便是「順其自然」。無論是當下產生的負面情緒還是日積月累的情緒擠壓，透過「順其自然」的方法，你便可以釋放掉負面情緒從而達到一個較好的狀

■ 第 2 章　與情緒對話：學會溫柔地自我接納

態，去完成自己想要做的事情。

人的精神狀態是可以自癒的，並不需要什麼特殊的藥物，或者是特殊的辦法去精神釋放。就像你餓了，可以透過進食來增加飽足感。當你吃太飽，過段時間透過機體的能量消耗，就不會感覺到撐了，這就是順其自然的方法。

而不是透過特殊的藥物治療或刻意的訓練讓自己不產生飢餓感或者是飽腹感。

只是現代人太過依賴某種詳細的教程以及療法，導致我們都忘記了順其自然是一個什麼樣的方法。

那麼，接下來就介紹幾種順其自然的「技巧」。任何人都可以很容易的做到，並不需要刻意的訓練。

技巧 1：讓自己得到充分的休息

誰不會休息，誰就不會工作。

——笛卡兒（Descartes）

閒暇不是心靈的充實，而是為了心靈得到休息。

——西塞羅（Cicero）

現代人在快節奏的生活裡，不是沒有時間休息，而是很多人認為休息是在浪費時間，即便晚上 12 點了躺在床上也

要不斷地玩手機、看影片，直到完全精疲力竭才肯閉上眼睛。大家都以為接收資訊就是在進步，睡覺休息是在浪費時間。事實上這樣的想法是完全錯誤的，休息並非是在浪費時間。相反，休息是為了更好地學習和工作。休息是一種應對緊張情緒的方法，短暫休息過後，人的創造力往往會更強，做出的選擇和判斷也更為明智。

我們必須要消除「休息就是浪費時間的觀念」，否則當你遵循這個觀念去休息的時候，心理上必然會充滿懷疑或自責。你必須知道，當一個人處在休息不足的狀態下學習或工作，其產生的結果不僅是效率低下，甚至更容易犯錯。

美國勵志演說家、作家南丁格爾（Earl Nightingale）曾經說過：「如果普通商人每天花一個小時靜靜地思索如何更好、更有創意地為顧客服務，而不是努力賺更多的錢，他本人和他的顧客們都會因此而更加富有。」

可見休息是激發創造力的必要條件，此外如果一個人總是處於休息不足的狀態下工作，那麼他往往會有更多的負面情緒。這是由於大腦沒有得到充分放鬆卻在過度消耗，導致了情緒上的失控以及工作上的失誤。

我們的精力其實就像手機的電量一樣。休息的過程就相當於在充電，因此休息的時候要盡量避免消耗精力。比如以下行為：

第 2 章 與情緒對話：學會溫柔地自我接納

1. 把娛樂當作休息：很多人在公司午休的時候會打電玩、看搞笑綜藝節目，這樣的行為好像是在放鬆精神，實際上這是在消耗我們的注意力、體力以及腦力資源。

2. 把聽音樂和看書當作休息：音樂和看書確實能使人放鬆，但這並不是休息，因為當人在聽音樂和看書的時候，大腦依舊在接收和處理資訊。

所以，當你休息的時候，盡量什麼都不要去做，讓大腦停止接收外面的資訊，根據休息的時間長短可以把休息分為幾類：

5～15 分鐘：閉目養神。

讓自己處於一個盡量舒服的狀態下，比如你可以替自己的工作椅準備一個靠墊或坐墊，選擇一個放鬆的坐姿，然後閉上眼睛。不要戴著耳機聽音樂，讓自己什麼都不做，閉上眼睛休息。

20～40 分鐘：打盹。

打盹是適合在緊湊工作滿 4～6 小時後進行的休息。這時候大腦已經感覺到脹痛了，甚至如果再繼續工作會使得工作效率低下。這也是為什麼很多人工作一天後，回到家中再繼續工作或學習就會覺得非常痛苦。你一定要記住當精力不足時，無論再繼續做什麼，你的負面情緒都會偷偷跑出來。那麼這時候，最好的辦法就是選擇打個盹。一到家後，定好

鬧鐘 20～40 分鐘，讓自己先休息一會兒，但是時間不要太長，以免睡多了之後，夜晚就再也睡不著了。

5～8 小時：睡覺。

睡眠實際上也是一門學問，睡眠時間不在於多，而在於品質。很多人每天睡 10 個小時依舊非常睏倦，而有些人晚上只睡 5 小時卻能保持非常好的狀態。睡覺的時候盡量保持室內安靜，很多人喜歡在睡覺時塞著耳機聽音樂或者聽鬼故事，如此一來你的腦袋就會打架，到底是接收資訊還是應該休息，這種狀態下的睡眠品質必定不佳。

那麼從現在起，你必須要學會合理安排自己的休息時間，尤其是把睡眠時間固定下來。幾點睡覺，幾點起床，讓自己的生理時鐘變得規律。研究顯示，規律的作息習慣會讓負面情緒得到充分的釋放，尤其當你在休息的時候，你的情緒也在休息，它也在自我調整。要知道，人的情緒也是有自癒能力的，當你感覺不對勁的時候，就一定要讓自己先休息一下。

技巧 2：向大自然「傾訴」

我總是喜歡對著花草，傾訴我的心事。因為我相信它們是聽得懂的。

—— 佚名

第 2 章　與情緒對話：學會溫柔地自我接納

當人處於情緒谷底的時候，最容易想到並去實踐的一件事那便是傾訴。是的，傾訴相當於丟棄垃圾情緒。有些時候，當人們被負面情緒所綁架後，就連簡單的睡覺這件事也無法做到。我們總是沉浸在情緒中，不是不願意釋懷，是根本無法讓大腦去試著放鬆，那麼傾訴便是另一種方法。

但是傾訴是有技巧的，因為你得去找到合適的垃圾桶，一個願意接受你負面情緒的垃圾桶。而這是一件非常困難的事情，因為人人都討厭負面情緒，有時候當你認真地向別人傾訴時，得到的卻是冷嘲熱諷甚至是鄙夷。除此以外，沒人能夠真正去理解你現在的感受，你要知道別人不是你，別人沒有經歷你所經歷的事情，自然無法感受到你所感受的痛苦，那麼既然如此，你必須停止向外渴求得到別人的理解。

不恰當的傾訴對象往往還會為自己日後埋下隱患，比如當你向關係要好的同事傾訴了你與上司之間的矛盾，表面上他給了你支持和理解，可是一轉身他就把這件事告訴了上司，從而可能又加劇了你與上司之間的矛盾。

那麼，選擇跟自己沒有利害關係的朋友去傾訴是不是就沒問題了呢？答案仍然是否定的。和你有情感關係的朋友、親戚以及家人等，都有著自己的想法和見解，很多情況下當你把負面情緒傳遞給了身邊的人，不僅不能得到對方的理解，甚至還會破壞彼此之間的情誼。你的負面情緒的確會消

耗你的精力，但是當你傾訴時，你的負面情緒就會傳遞給別人，從而消耗別人的精力。你不喜歡痛苦，別人也不喜歡痛苦。

最好的傾訴對象其實是大自然。你可以試著逛逛周邊的公園，找一找你喜歡的樹、小花或者是小草，選擇在心裡告訴它，或者是直接說出來，它們是最好的傾聽者。它們不會洩漏你的祕密，也不會嘲笑你，更不會對你的發言指手畫腳。你其實並不需要別人的建議，更不需要別人的同情，處於負面情緒當下的你，只是需要傾瀉你的負面感受，當「垃圾」都丟乾淨了，心情自然也就會冷靜下來。

此外，你還有一種傾訴方式，那就是親近大自然。你什麼都不必說，只要待在大自然裡就好。

根據《科學報告》上的一篇關於人與自然的研究發現，如果人每週至少在大自然中度過 2 小時，對於改善健康，以及平復情緒和提高幸福感有著非常好的幫助。

這項研究由艾希特大學帶頭，英國國家衛生研究院資助。這是關於人類與自然接觸的規模最大的研究之一。

有近 2 萬名志工參與並回饋了他們在過去 7 天裡接觸大自然的時間和頻率，其中包括家裡附近的公園、綠地郊外、山野和海灘等。與一週內都沒有接觸過大自然的人相比，每週至少在大自然中度過 2 小時的人群，健康狀態良好的機率

第 2 章　與情緒對話：學會溫柔地自我接納

高出 60％，具有高度幸福感的可能性也提升了近 25％。相比之下，7 天內接觸過大自然但是時間少於 2 小時的人則沒有明顯的改善。

由此可見，親近大自然是一個值得推薦的精神療養辦法。這也是非常容易的辦法，你不需要逼迫自己刻意做什麼，或者刻意制定什麼計畫或者安排，你只需要在情緒低落的時候，走進附近的公園或綠地，然後待在那裡，走一走，看一看。

除了修復自己的情緒以外，親近大自然還有很多的好處，你可以在此釋放工作的壓力，和朋友一起共度美好的時光。

但是在這段時間之中，盡量不要看手機，這會打擾到你。你的精神和情緒都需要得到完全的放鬆，它們需要傾瀉消極的、負面的東西。不要讓自己再去接收任何的資訊，否則你的思緒又會在大腦裡打架。

現代化的都市，人們總是處在嘈雜的環境裡，即便周圍很安靜，但是手機裡總有各式各樣的訊息彈出，而這些訊息都會打擾到你，因此你必須要有意識地告訴自己處在負面情緒的當下，一定不要讓這些嘈雜的訊息叨擾自己。這樣你才能得到大自然的療養，否則即便你待在大自然裡，精神也無法得到很好的放鬆。

如果當下的你,正處於精力旺盛的狀態,又沒有辦法跑去向大自然傾訴,那麼下面還有一個方法,同樣也很管用。

技巧3:整理房間、做家務

也許你會感到很驚訝,為什麼整理房間、做家務能讓自己的精神放鬆下來,實際上這是一個整理心情的過程。

你可以把居住環境想像成自己的大腦,越乾淨越有條理的居住環境越能讓大腦感到放鬆。實際上當你處於一個比較凌亂的居住環境裡,你的思維也會跟著亂起來。

因為人的眼睛會接收到訊息然後把資訊傳達到大腦裡,雖然你感覺不到這個過程,但實際上眼睛一直在做著這樣的事情。因此當你的眼中看到的環境非常凌亂,那麼你的思維就會產生混沌。

此外,做家務的時候也是在幫助大腦清理垃圾。因為大腦會隨著你清掃垃圾的動作一起跟著被清掃,那麼你的負面感受也就會被你清掃掉。而這種狀態下,你的負面情緒不會感受到一種被刻意消除的力量,因此它不會對你產生抵抗,而是順其自然地被清掃掉。甚至在這種狀態下,你都感受不到負面情緒已經消失了。

但在做家務的過程中,不要認為這是一種任務,你無須刻

第 2 章　與情緒對話：學會溫柔地自我接納

意地列清單，或者一定要從哪個地方開始打掃。因為所有的刻意都會對自己造成一定壓力，你可以今天打掃一個地方，明天再打掃另一個地方。並不一定要在一天內把家裡打掃得一塵不染。我們生活的空氣裡，灰塵無處不在，即便你花了一天的時間把家裡打掃得一塵不染，沒過多久家裡還是會有各種垃圾，即使沒有垃圾，地板上每天也會有灰塵。因此不要替自己設定一個非常明確的標準，或是規定一定要怎麼做。

你可以只整理一下衣櫃，或者是把水槽的碗洗乾淨，就這樣完成一小件事也可以。如果把做家務這件事當作生活的負擔，那麼每當你做家務的時候並不是在放鬆心情而是在累積負面情緒。

做家務、整理房間就和刷牙洗臉一樣，它也是生活中的一部分，如果你把刷牙洗臉當作任務，那麼你會感覺這是一件很麻煩的事情。當一個人做自己感覺很麻煩的事情時，負面情緒自然就會跑出來。

你之所以能夠接受每天洗臉刷牙，實際上是由於你認為這是對自己有好處、有價值的，那麼做家務也是如此，它能夠帶給你很多好處：

改善心情

研究顯示，做家務勞動可以幫你減輕 20％的壓力和焦慮。你不需要單獨花費一整天去做這件事，只需要空出 20

分鐘左右的時間去做就可以。當你正處在負面情緒之中，做家務能夠很好地幫你轉移自己的注意力，並且在做家務的過程中，你也會停止接收外面的資訊。而這是一件非常重要的事情。在前兩個技巧中，無論是讓自己休息還是找大自然傾訴，其本質都有一個特點，就是讓自己的大腦不再接收資訊，不再對新的資訊進行處理。當大腦中的負面情緒不再受到資訊的擠壓後，它便會慢慢地溜走。因此做家務也是幫助你思維放空的好辦法。

避免過敏

很多人在換季的時候會出現過敏或哮喘的症狀，不要認為這僅僅是對氣候的過敏，實際上家裡的灰塵和寵物的皮屑也可能導致過敏甚至哮喘。尤其要注意的是，如果家中有小孩或老人的話，那麼更要注意家中的灰塵清潔，因此建議定期清掃室內的灰塵。畢竟保持良好的身體狀態是形成良好情緒的前提。

消耗熱量

做家務也是一項運動，你不必特地去健身房參加某種運動，畢竟來回的路程也很浪費時間。如果你想節約時間的話，在家也可以做「家務」運動，同樣也能達到熱量消耗的目的。如果你希望每天保持一定的運動量，做家務就是一個很好的方式。尤其當你做完家務後，你能夠獲得減肥和環境

整潔的雙重成就感。而成就感的出現可以把所有的負面情緒轉成正向的感受。因此讓自己在日常生活中體驗成就感是非常重要的事情。

提高睡眠品質

許多研究顯示，在有序整潔的環境內居住，會使機體更容易入睡。有時候你躺在床上，看著周遭雜亂無章的環境，心情也會有所起伏。實際上失眠和環境也有一定的關係，此外如果你早上起床有起床氣，那麼可以試著整理一下房間，盡量讓物品更整齊有序，這樣早上醒來心情也會更舒暢一些。

預防疾病

如果居住環境不衛生就會滋生大量的細菌，增加患病的風險。如果你的廚房沒有經常擦洗，或者水槽裡總是堆著很多沒有洗的碗筷，在需要使用的時候才沖洗，那麼最後細菌都會跑到你腸胃裡。建議不要將髒的碗筷長時間放在水槽裡，因為細菌會在餐具上大量繁殖。為了避免這種情況發生，最好及時將碗筷清洗乾淨。

以上這些都是做家務的好處，做家務不分性別，不分年齡，任何人都可以做。在做家務的過程中，你會不知不覺地感受負面情緒在消失。除此以外，如果你認同以上觀點，打心底裡認為做家務是對自己有好處的，那麼你的負面情緒就

會轉向一種正向的思維。

我知道許多男性非常排斥做家務，即便這是一項很好的運動，但是他們依舊會認為做家務很丟臉，男士們必須要打破這樣的思維牢籠。研究發現，許多男性退休後，常常在家會莫名其妙地發脾氣。實際上這是沒有生活存在感的一種表現，當男性在工作的時候，他們會認為自己是有價值的，在心理上會感受到一種擁有社會地位的優越感。而當男性退休在家後，會覺得沒有事情可以做，這會讓許多男性在心理上有一種失落感。做家務就可以很好地幫助男性消除這樣的感受，生活就是要動起來，什麼都不做也就無法體驗生活。

當人處在空閒狀態中，什麼也不做，思想就會變得困乏，會感到無聊、寂寞、恐懼、悲傷甚至是痛苦。人不能缺乏資訊的輸入，但是也不能活在大量的資訊中，那樣同樣會產生焦慮和不安。

因此「分寸」是很重要的一個概念，如果你整日睡覺，或者整日待在大自然裡不接受任何資訊，又或者每天要做大量的家務，那麼在這種情況下，負面情緒就會變得非常多，因此所有的技巧都需要你去掌握一個「分寸」。所謂的「分寸」也就是一個時間和頻率的概念，在以上三種技巧裡，都列出詳細的建議時間，只要把時間控制在適當的範圍內，以

■第 2 章　與情緒對話：學會溫柔地自我接納

及不要過於頻繁地操作,那麼以上三個技巧就會真正讓你的精神放鬆下來而不會加重情緒的負擔。

步驟三：記住你的初衷與目標

在第 1 章裡，當你清楚了自己負面情緒的來源後，隨著步驟一和步驟二的操作，我想你已經能夠冷靜下來了。

接下來就要弄清楚自己想到達到什麼目的，換句話說，你的負面情緒想要做什麼，這是一件非常重要的事情。很多人原本是抱著好心幫助他人的目的去和別人溝通交涉，但結果卻和對方起了衝突，最後不歡而散，不僅你自己很生氣，別人也同樣對你很生氣。

比方說在某個工作日的早上，你的寵物突然生病了，你想要帶牠去醫院，首先你試圖與上司溝通請假，卻遭到拒絕，你很生氣，希望上司能夠理解你。但是上司不僅沒有理解你，還責備了你，結果你一氣之下就提出了辭職。雖然你達到了今天可以帶寵物去醫院的目的，但是卻也丟了這份工作，而這個結果並不是你想要的。

因此你必須了解自己的負面情緒產生的目的，並且透過正確的方式把情緒傳遞給對方，讓對方能夠了解你的想法從而達到理想的談判結果。

那麼，現在你可以回想一下，當你在與他人溝通的過程中，你產生的憤怒情緒是為了傷害對方還是為了戰勝對方。

第 2 章 與情緒對話：學會溫柔地自我接納

事實上，在你開口之前，你並沒有試圖去故意傷害對方，或者是想要戰勝對方，因為這並不是一場辯論賽，所以根本不存在想要戰勝對方的概念。但是當你產生了憤怒的情緒後，你的言行就會出現偏差，你的行為就會無意識地想要傷害對方或者戰勝對方，從而讓別人聽你的。

你要知道感受是優先於念頭而產生的。因此當你有了負面情緒的感受時，不要立即採取任何行動，你要先回想一下最初的目的是什麼，然後把你最初的目的告訴對方，並詳細描述你的感受。情感是會傳染的，當你產生了憤怒情緒後，你傳遞的也將是憤怒，因此對方也會感受到生氣。同樣，當你把想要獲得理解和幫助的心情表達清楚後，對方也能夠感受到這樣的情緒。

回到上述的例子。當你在說請假這個詞之前，你可以告訴對方寵物和工作對你來說同樣重要，但是這時候出現了矛盾和衝突，寵物生病了會影響到工作，你既希望寵物能夠得到盡快的治療，又希望不耽誤工作，那麼你就可以用尋求幫助的方式詢問上司，讓他幫助你尋找兩全其美的辦法。只要你能夠準確表達出當下的情緒，你的上司就會感受到你此時的為難。在心理學上，幫助有困難的人會使得一個人感受到尊嚴和高尚感。沒有一個上司喜歡被下屬「通知」，而當你開口說要請假的時候，其實在上司的感受裡，你已經做出了

決策。因此，想要達到你最初的目的就一定要學會讓對方感受到你的感受，這樣他才會做出你想要的選擇。

換位思考這個詞，一方面是讓自己學會換位思考，另一方面也是引導別人進行換位思考。所有的負面情緒歸根結柢是思維方式和行為產生了偏差，你想要的結果明明是這樣，但行動卻做成了那樣，最後結果不盡如人意，於是你就會陷入負面情緒的漩渦。

總結一下在人際交往過程中，如何減少因為自己的行為偏差而產生的負面情緒：

1) 說話之前先想一想自己想要在溝通中達到什麼樣的結果。

比如請假這件事，你希望的是上司准假，而不是為了請假所以你要去打電話做這件事。而這兩種不同的思維方式就會造成行為上的偏差。再比方說，當你在推銷產品給顧客的時候，如果你的想法是推銷，你會把心思都放在怎麼解釋產品上。而如果你的想法是讓客戶接受你的理念從而達成和你一致的對產品的看法，那麼你就會先去了解客戶的情況，了解他的理念和想法，直到你使他的理念和你保持一致，他才會認可你的產品。

第 2 章　與情緒對話：學會溫柔地自我接納

2) 讓自己換個角度思考。

把自己幻想成對方，拋棄自己的所有想法，去感受對方的性格特點和感受。如果你總是站在自己的角度去說話，對方就不會感受到你真實的想法和感受。

3) 引導對方進行換位思考。

當你把自己和對方進行角色互換後，那麼你便能進一步去思考如何讓對方感同身受。如果你在日常工作中只能做到前兩步，你就會強迫自己去默默忍受、默默理解別人，但是別人不會覺知到你為他所做的事情，時間一久，你積壓的情緒就會成為一種怨恨。最終你還是會把怨恨的情緒還給對方，也許你自己並不能感知到，但情緒會引導你的行為，你非刻意的行動其實都帶著情緒。

如果以上三個步驟你都做了但仍感到生氣，那麼這時候，你必須暫停溝通，讓自己先冷靜下來，重新尋找更合適的溝通方法以達到自己的目的。方法如下：

1) 時刻去感受自己的情緒。

你必須確保你在溝通中的情緒是積極的、正向的，這樣你才能使自己表達的內容是積極的、正向的。因此你必須時刻去感受自己的情緒，否則你就會被情緒綁架。當你在不知道自己已經有了負面情緒的時候，你就會做出一些負面的行

為，說一些負面的話語，那麼結果一定會與你所期待的結果背道而馳。

2) 感覺不對時，就暫停。

當你感受到自己處於一個非正常的溝通狀態時，或者說當你感受到不開心、不滿意以及憤怒的時候，絕對不要採取行動。你必須讓自己停下來，什麼都不做，告訴對方請稍等你一會兒，你現在有事，等一下再跟他溝通。如果是在打電話的情況下，你也可以同樣告訴對方，「抱歉，我等下再打給你。」永遠不要讓自己在激動時說出任何話，因為人的激動反應總是處於自衛模式，要麼就是傷害別人，要麼就是去戰勝對方。

3) 請重新做以上三件事：

①說話之前先想清楚自己的目的。②讓自己換角度思考。③引導對方進行換位思考。

只要你深刻地了解到所有負面情緒的產生都是因為自己的行為和思維產生了偏差，你就會不斷地去修正自己的行為，找到讓自己的行為和思想保持統一的步調。在此過程中，不斷去感受自己的情緒，去觀察自己的情緒是正向積極的還是處於負面消極中。根據自己不同的情緒狀態做出不同的調整，不要讓自己跟著負面情緒走。

第 2 章　與情緒對話：學會溫柔地自我接納

在負面情緒中，除了「生氣」這種顯性情緒以外，還有一種隱性情緒，那就是焦慮。顯性情緒很容易覺察，畢竟生氣的感受是即刻而出的，你能瞬間感受到自己的不爽。但是焦慮就像是溫水煮青蛙，它是一點一點地來，慢慢加熱，當你發現自己處於焦慮的情緒中，其實之前已經累積了很多情緒。

那麼怎麼解決這一問題？方法也是同樣的，按照上一節第一個步驟先讓自己放鬆下來，然後再思考你的目的是什麼。

很多人的焦慮其實是漫無目的的。比如看到隔壁公司在大裁員，於是自己也感覺到焦慮，你害怕自己公司也會開始大裁員。事實上，你的焦慮並沒有任何目的性，你是想讓自己不被裁掉還是想要自己的公司不要裁員呢？如果沒有這種明確性的目的，那麼你的焦慮就不能發揮任何功能，只會讓自己白白在負面情緒裡受罪。而如果你有明確的焦慮目的，你希望自己能有穩定的工作，而不是被公司輕易裁員，那麼為了讓自己不再焦慮，你可以採取行動去提升自己，想盡一切辦法讓自己在工作中更有優勢、更有價值，那麼你的焦慮就會轉化成正向力量。

除此之外，你要謹防那些引導你焦慮的資訊和文章，因為這些文章的背後都有強烈的目的，就是讓你感受到焦慮。

步驟三：記住你的初衷與目標

當你的情緒被人隱性掌控後，你的行為就會不受控制，會做出一些令自己後悔的事情。其實，所謂的「衝動消費」也是如此。別人引導了你的情緒，你的購買欲實際上是無意識的行為。因此要時刻感受自己當下的情緒，不斷在心裡強調自己的目的和初衷，如此便不會輕易做出一些與自己的想法有偏差的行為。

　　所有的負面情緒都是一種暗示你的力量，你只要認真去感受自己的負面情緒，並且學著讀懂自己的負面情緒，找到負面情緒出現的目的，那麼這些負面情緒都會幫助你成為更好的自己。

步驟四：放過他人，也寬容自己

所有人都知道寬容這個詞的含義，讚美「寬容」的詞句也有很多。寬容是美德，也是一種高尚的品格。在你的身邊應該有很多的聲音告訴你，要寬容別人，但是你依舊做不到。你可能會想為什麼讓我寬容別人，而不是讓別人來寬容我呢？

你之所以做不到寬容別人，很大一部分原因是你認為寬容是一種利他行為。在認知心理學中，人們往往會優先考慮利己行為，只有在自己的需求被滿足後才會考慮利他行為。

當你處於失業狀態下，你不會想要去幫助別人找工作，你肯定會優先讓自己找到工作，此外在你還沒有完成自己的工作時，你也不會想要去幫助別人完成工作。其實當你處於負面情緒中，在自己的負能量還存在的情況下，你不會馬上想到要去寬容別人，大部分的人都會想：別人讓我不開心，為什麼別人不向我道歉，我還要去寬容別人。

事實上，在當下人們產生這樣的想法並沒有什麼問題，當你處於不開心的狀態下，你的確不需要去寬容別人。因為被迫寬容也是一種懦弱的表現，比如當別人在言語上傷害到了你，如果你選擇寬容也就是選擇了忍耐，之後別人就會在言語上對你進行更深層次的攻擊。

步驟四:放過他人,也寬容自己

寬容不是容忍或忍耐,寬容會讓自己感受到輕鬆,而容忍則會讓自己產生痛苦,當痛苦累積到一定程度時就會產生心理疾病,最後可能會導致身體上的疾病。有些人看起來從來不生氣,總是壓抑自己的情緒,到最後只會讓自己越來越痛苦。

有些上司在和下屬交流的時候完全不考慮自己的言行舉止是否會傷害到別人,錯把別人的忍耐和寬容當作自己得寸進尺的武器,進而加劇了矛盾的產生,不僅使自己變成被情緒控制的猛獸,也讓別人被迫接受了言語暴力。此外,同事之間也經常會出現這樣的情況,有些同事喜歡做一些舉動,比如背後說別人的閒話,或者愛打小報告。如果你一味地寬容和忍耐,並不會讓其他同事覺得你是一個品行高尚的人,相反,很多人會認為你默認了這種流言蜚語,致使別人對你產生了誤會。

寬容和容忍雖然只有一字之差,但完全是兩個概念。

當別人意識到自己的錯誤,並向你道歉時,你有權力選擇是否要寬容別人。任何人選擇道歉這個行為時,其實都是在尋求對方的寬容。而當一個人並不覺得自己的行為有任何問題時,他並不需要你的寬容,你的寬容對他來說是多此一舉。而這時候寬容實際上是容忍,也就是你允許別人傷害你。

第 2 章　與情緒對話：學會溫柔地自我接納

　　溫斯頓‧邱吉爾（Winston Churchill）曾說過，一個人絕對不可在遇到危險或威脅時，背過身去試圖逃避；若是這樣做，只會使危險加倍。

　　因此在寬容別人之前，你要確保自己不是在容忍別人。首先你就要引發出能夠產生寬容的條件，那就是獲得別人的道歉。

　　要想獲得他人的道歉，最簡單的方法就是讓自己勇敢地先去道歉，記住切勿逃避現狀。因為在負面情緒的狀態下進行的所有行為實際上都是在彼此傷害，你把負面的感受傳遞給別人，別人把負面的感受傳遞給你，雙方都是不愉快的。

　　沒有人會無緣無故地對另一個人生氣，職場上流言蜚語的產生多半是源於嫉妒，而嫉妒又是源於高調或者是炫耀。可能是你的高調或無意中的炫耀讓別人產生了不舒服的感受，而別人又用了不恰當的方式去表達了他的嫉妒，最後必然雙方對彼此都有埋怨。

　　所以你要知道，你在生別人的氣時，別人也在生你的氣。如果你想要當下立刻解除這樣的負面情緒，最直接的辦法就是先去向別人道歉。或許你並不知道別人為什麼生氣，可能有些行為你自己都沒有意識到，但是當兩人在不同頻率的情況下進行溝通時，必然彼此都會感受到不舒服。不舒服的感受就會產生不恰當的行為，那麼最終就會造成彼此傷害的情況。

步驟四：放過他人，也寬容自己

一個真誠的道歉並不會讓對方感受到洋洋自得，大多數人在面對他人的真摯道歉時都會產生同理心。所有的情緒都會進行傳遞，道歉同樣也會傳遞。當你傳遞憤怒的情緒，別人也會感受到憤怒；當你傳遞內疚和自責的情緒，別人也會感受到內疚和自責。

因此一個真摯的道歉，就是觸發寬容的按鈕。這個按鈕不僅是別人對你的寬容，也是你選擇對他人的寬容。

不過在有些情況下，如果問題已經成了死結。即便你進行了道歉，別人也不會感受到，因為事情時隔久遠，又或者你面對的是網路暴力等，那麼道歉這一招並不管用。

因為道歉需要針對具體的對象和事情，否則你的道歉無法觸動任何人的情緒，自然道歉也就不管用了。

那麼在這種情況下，你就要學著寬容別人，放過自己了。這裡的別人也許是離你比較遠的人，或者是虛擬網路世界中的人。這時候的寬容並不是去忍耐，相反，這是一種利己行為，即放過自己。

面對過去的事情、過往的人，你的耿耿於懷和痛苦並不會有任何的正向結果，只會讓自己深陷在這樣的感受裡，不斷地回憶，不斷地責怪。這就像在自己腿上綁一個沙袋，你依然可以行走，但是負重前行的你，會感受到精神的疲憊，那麼路就難以走遠。每一次不舒服的感受，都是可以讓自己

第 2 章　與情緒對話：學會溫柔地自我接納

提升智慧的時候，當你感受到這樣的壓力後，你一定要學著去放下這些「沙袋」，不要讓它們成為你前進路上的負擔。

接下來，你可以試著採用以下三個技巧去卸下自己身上的沙袋：

技巧1：試圖了解別人的目的

當你試著了解別人的目的時，你的負面情緒就會逐漸減少。

比如，你看到一篇令人引發焦慮感的文章後，你要下意識地告訴自己這是情緒渲染，別人這麼寫的目的就是為了引起你的注意，讓你感受到焦慮。那麼，你便不會感到那麼的緊張和焦慮了，人都有叛逆心理，一旦你發現了別人的目的，且拒絕接受這個目的，那麼你的情緒就會朝另一個方向走。

再比如，當你知道有時候老闆發脾氣可能是故意的，目的是為了讓大家產生緊張以及壓力的情緒，那麼你便能理解他的行為且不會對此感到生氣。人與人之間的負面情緒主要還是因為雙方並不清楚對方的處境，不了解對方的真實目的。並不是每個人都有足夠的智慧能把自己的感受和目的清楚地向對方表達。但是此時如果你能夠去試圖了解別人的想

法，你就不會有負面的行動。事實上，這是對自己非常有利的行為。

很多時候我們因為別人的錯誤表達導致了自己內心的痛苦，那麼這種痛苦沒有人能幫你或者代替你去消化，唯有你自己才能把這樣的負面情緒轉換成正向的力量。否則你只能一個人默默地背著別人對你撒下的情緒包袱，承受著你本不該承受的東西。

當你了解了別人的處境、位置以及目的後，你就能讀懂對方的情緒，才能放下包袱。

因為了解而強大，因為強大而溫柔。

溫柔的背後不是去壓抑自己的情緒，也不是去忍耐對方的錯誤，而是了解並體會對方的感受，那麼你就能擁有豁達且智慧的溫柔。

現代人都有著各式各樣的壓力，但是如果你能察覺到自己的壓力，並且找到壓力的根源，壓力就會逐漸消失。

例如現在很多自媒體人進行網路創作，必然會遭受到一些網路暴力。一些質疑、反對，甚至是人身攻擊。

面對網路暴力，你同樣可以選擇試圖去了解別人的目的，你可以把自己幻想成對方，去瀏覽網路上的各類資訊，面對不同的資訊，你一定也會產生不同的看法，有些資訊你

第 2 章　與情緒對話：學會溫柔地自我接納

不喜歡，有些資訊會讓你感受到嫉妒，那麼同樣，別人也會產生這樣的感受。有些人會透過網路洩憤來舒緩在工作以及生活中的壓力，因為他們認為這樣的做法對自己最安全。當人的需求沒有被滿足和理解時，他們就會選擇更利己的方式，而不會選擇利他的方式。

比如有些人在網路上有炫富的行為，那麼自然就會遭受別人的妒忌。許多人會想自己這麼辛苦、這麼勞累卻遠不及你得到的多，心裡就會產生不公平的埋怨，進而把埋怨回傳給你。

再比如說，有些人在工作上遇到了一些不開心的事情，他為了使自己的負能量趕緊發洩出去，就會跑到網路上到處攻擊別人以獲得心理平衡。

但這樣的發洩方式只會讓自己被負面情緒操控。網路暴力之所以無法停止，是因為大部分的人都不知道如何正確地將自己的負面情緒轉化成正向的動力，唯一能讓他們短暫感受到一絲痛快的方式就是透過發洩情緒。

在本書的上一章就提到過，如果你用發洩情緒的方式讓自己獲得平靜，那麼你便會對這樣的發洩方式上癮。隨時隨地地產生負面情緒，隨時隨地想要發洩情緒，你會越來越無法控制自己的情緒，直到最後被負面情緒牢牢捆住。

技巧 2：試著同情別人

人人都應該富有一顆同理心，學會同情別人，但同情是解藥也是毒藥。

何為毒藥？

要知道沒有人喜歡被別人同情，這代表了自己是一個弱者。有時候不適當的同情會讓別人感受到被瞧不起，或者是被諷刺。

例如，當你在公司工作了一年，這時候恰巧有一次職位晉升的考核機會，但不幸的是在這次競爭中你並沒有勝出，而那個勝出的人告訴你，他很同情你。那麼這時候的「同情」並不會讓你對他產生好感，相反你會覺得這是一種炫耀，一種示威。即便是此時周邊的人都向你表露出同情的心態，你也不會覺得他們是好心的。

像這樣的同情不僅不能帶給別人任何心理上的安慰感，還會像毒藥一樣強迫別人吃下。當你的同情並沒有帶給別人實質性的好處時，你的同情就會傷害到別人。只有當別人真的需要得到其他人的同情時，你的同情對他來說才是安慰劑。此外同情一個人最好不要用言語來表達，而要用實際行動來呈現。

如果你真的覺得別人可憐，那就用正向的方式去幫助

第 2 章　與情緒對話：學會溫柔地自我接納

他，比如常常看望他、照顧他，合適的話可以給予他一些經濟上的支持。

何為解藥？

人之所以要富有同理心，是因為這也是放過自己的一種方式。當你選擇在心裡默默地同情別人，你就不會有那麼多負面情緒。

在言語上同情別人，是給別人的毒藥。在心裡默默同情別人，則是給自己的解藥。

雙方在爭吵中，沒有一個人是不受傷害的。雖然你在溝通中受到了言語暴力，但在這期間你的行為對別人也是一種暴力。在職場的人際關係中，我們常常會因為自己不成熟的言語和表現讓別人感受到負面情緒，只是當下別人並沒有表現出來，你可能也不會認為自己做錯了什麼，但是當別人對你的忍耐到了一定程度時，對方就會爆發，也許這個人是你的上司、同事，又或者是公司裡的清潔人員。這些情況都有可能會發生。

當別人對你發脾氣的時候，你要意識到自己是否傷害到別人了，否則對方不會無緣無故地向你發火。你應該為自己的行為感到抱歉，因為這些怨氣可能是別人日積月累的沉澱。

別人對你的憤怒也是在暗示著你，他被你傷害了。如果你能從心理上試著去同情這個被你傷害的人，那麼你也就能夠原諒他了。

　　我們死咬著過去的事情不放，總是對已經發生的事情耿耿於懷，其實也是不敢承認自己有錯誤的表現，這就是人性的弱點。

　　弱者最害怕的是看到自己的缺點，而強者總是勇於發現自己的缺點，勇敢承認它的存在，讓自己成為一個更強大的人。你必須要面對自己的缺點和不足，要知道大多數人無法應對自己的負面情緒，其中最重要的一個原因就是不敢正視它。

　　正視自己的負面情緒，就像正視自己的弱點和錯誤一樣。雖然會讓人害怕，但是你必須要去面對它，才能更好地應對自己的負面感受，讓自己變得更加成熟有智慧。

　　如果你的工作是需要長期接觸外界媒體，你面向的群體就不是某個特定的人，而這些不確定的人總是在言語上對你進行施暴。雖然你已經知道他們的目的就是為了讓你不開心，故意刺激你來發洩情緒，但是你依然做不到讓自己置身事外，不去理會這些負面的聲音。

　　你依然可以使用這個技巧「試著同情別人」。

　　同情別人也是與對方進行換位感受，你可以試著想一

第 2 章　與情緒對話：學會溫柔地自我接納

想，陌生人為什麼會對你發洩這麼多的負能量，他在生活中是遭遇了多麼不順心的事啊！一個正常的普通人，如果沒有遇到什麼煩心的事情，是不會經常去網路上攻擊別人的，這是費時費力的事情。也許在網路上進行情緒發洩已經成為他釋放壓力的唯一辦法。

如果你懷揣著這樣的情緒去看待那些對你進行網路言語暴力的人，你便不會受到這些網路言語暴力的影響。

再者你可以試想一下，為什麼在許多人感受到負面情緒的時候，不會對空氣發火，而一定要找一個有情緒的對象進行發洩。其實他想要的是讓你感受到他的負面能量，如果對著空氣發洩就不能達到這樣的效果。

所以你可以把自己想像成空氣，在心裡同情對方的同時，不對任何攻擊進行回應，那麼這些網路暴力也就不會對你產生任何傷害。

以下幾句話你可以適當地用心記下，這並不是什麼心靈雞湯，而是透過正向的思維邏輯讓你在負面情緒中理出頭緒，從而帶你走向正向的思維模式。尤其當你對某件事或某個人產生了耿耿於懷的情緒的時候，又或者當你受到網路言語暴力時，可以拿出本書，按照順序讀一讀下面的句子：

1. 沒有什麼事情比擁有一個好情緒更重要，你是你自己的主人，而不是情緒的傀儡。

步驟四：放過他人，也寬容自己

2. 不要把別人的痛苦強加到自己身上，別人的負面情緒是別人痛苦的寫照，不應該成為你的枷鎖。
3. 試著去想像一下別人的不容易，想像一下當時的那個人是如何的痛苦，才會表現出如此之大的消極行為。
4. 試著同情一下對你發洩負面情緒的人，因為他們可能也受到了你的傷害！
5. 雪崩的時候沒有一片雪花是無辜的，一件事情的發生是雙方都出了力。
6. 既然事情已經發生了，無論你怎麼想、怎麼做時光都不會倒流，那何不放過自己呢？
7. 在心裡同情別人的時候也順便同情一下自己，你也很不容易。
8. 沒有人不犯錯，每個人都要在錯誤中成長，在錯誤中感受痛苦，在錯誤中糾正自我，完善自我。

每一次的錯誤都會成為你進步的階梯。

以上兩種技巧都是在具體的事件上寬容別人，接下來的一個技巧則是在宏觀上寬容別人。

第 2 章　與情緒對話：學會溫柔地自我接納

技巧 3：降低對他人及外在環境的期望值

俗話說沒有期望就沒有失望。很多人聽到這句話就開始對自己不抱有任何期待，不相信自己能夠成功，不相信自己能夠做到某件事，於是變得越來越頹廢，越來越麻木。最後逐漸讓自己成為一個令自己都討厭的人。

實際上很多人都曲解了這句話的意思，沒有期望不是指對自己沒有期望而是指對他人以及對外在環境不要抱有過高期望。因為這種期望是你單方面的想法，不是互為雙向的想法，沒有人有義務去完成你的期望，甚至大多數人都是討厭被人期望。

期望這個詞不應該放在別人身上，而應該放在自己身上，如果你期望自己的能力和價值能夠不斷提升並實際行動，那麼外在所有的環境和人都會因為你的變化而產生變化。

在企業中，很多人認為只要把自己的本職工作做好就行，從不去幫助同事，也不會去學習其他同事的成果，認為自己就拿這一份薪資，為什麼要做其他的事情。如果你的想法總是局限於此，那麼收入也就只會局限於此。換一個角度思考，如果你能在完成自己本職工作的基礎上，常常幫助身邊的同事解決他們的困難，以及去學習其他同事的成果，那

步驟四：放過他人，也寬容自己

麼不出半年或者一年，你就能快速成長，甚至晉升為主管。

何為主管？就是有能力引領同事們把工作做得更好，讓公司變得更值錢。如果你單方面向外期望主管能夠退位讓賢或大老闆讓你升職。一旦失望你就會對他人產生憎恨感。

不把期望寄託於他人就是對他人最大的寬容。

沒有人願意被你的思想所綁架，也沒有人有義務去滿足你的期待。一旦別人不能滿足你的期望，你就會產生抱怨、仇恨，甚至有些人一定要讓對方產生內疚感，就是因為對方不能滿足自己的期望。最終結果必然是別人越不能滿足你的期待，你就越痛苦。你的期待並不會真的捆綁住別人，卻只能把你自己捆住。

步驟五：在痛苦中發現正面意義

如果你曲解了負面情緒的含義，你就會感受到痛苦。

如果你能正確讀懂它的意義，那麼你就能更接近自我的價值實現。

以下就是不同情緒的正面意義：

憤怒：它在告訴你得讓自己變得更強大。

本質上，很多情況下的憤怒情緒都是源於我們對自己的無能而產生的痛苦。當自己對現狀不滿意，又無法改變現狀，憤怒的情緒就會產生。這時候，唯有讓自己更強大，才能改變現狀。

當你不滿上司總是用傲慢的語氣跟你說話時，你的生氣就是在暗示你，必須讓自己變得更有價值。人們總是對更權威、更有社會地位的人產生尊敬。所以你最有力的回擊就是讓你的上司離不開你，讓整個公司都離不開你，那麼所有人都會對你非常客氣。

憤怒的產生並不是告訴你得去發洩情緒，而是要你將憤怒的情緒變成讓自己強大的力量和動力，那麼憤怒才不會讓你陷入更痛苦的絕境中。一味地發洩憤怒，只會顯得自己無能，讓你身邊的人更加遠離你。而強大的人則會讓更多的人

步驟五：在痛苦中發現正面意義

靠近他，追隨他。

焦慮：是時候改變自己了。

焦慮的人總是比其他不容易焦慮的人更有危機感。但是如果你不去做出任何改變，那麼你的焦慮就毫無意義，而且你會變得更焦慮。

如果你不與焦慮情緒和解，那麼你就會在焦慮中產生更多的負面情緒，而這些負面情緒又會讓身邊的人感受到痛苦。試想一下，你努力工作的目的不就是為了讓自己的家庭更加幸福嗎？而你的焦慮只會破壞這一切。

緊張：你需要付出更多。

開會時的緊張是很多剛入職不久的年輕人常常會體驗到的情緒。害怕自己主持會議、害怕主管讓自己上臺講話等。大家討厭這樣的緊張情緒，但是如果你刻意去逃避這樣的情緒，那麼緊張永遠不會消失。所有的緊張情緒都是在暗示你，你為自己準備得太少了。

這裡的準備不僅僅是資料的準備，更是心理的準備。

也許你在開會以前，已經把PPT做得很詳細了，不僅在文案上花足了心思，還在版面設計上也花費了心思。可是當你在眾人面前開口演講時，依舊感到緊張害怕。這是為什麼呢？

因為緊張的情緒就是在告訴你，「這還不夠」。你需要付

第 2 章　與情緒對話：學會溫柔地自我接納

出更多的準備，比如讓自己多嘗試在不同的聽眾面前發表報告或演講，訓練自己擁有更高的控場能力、表達能力以及心理承受能力。只有當你讀懂了緊張的正面意義，讓自己在某些方面付出更多的努力，那麼你才不會那麼緊張。

逃避緊張會讓你停止成長，因為害怕自己緊張，你就會放棄嘗試做很多事情，那麼你能選擇的權利也就會變得更少。

緊張不同於其他負面情緒，換一個思維就能走出來，它需要你付出更多的時間和精力去提升自我，這樣才能真正讓自己在一些應用場合裡表現得淡定自若。

失望：逼自己獨立和堅強。

人的失望都是源於對外界的期待。但有時候降低期待還是會感受到失望，那麼你就要徹底讓自己獨立，完全不依靠外界的任何東西，無論是人還是社會環境。如果你不能讀懂失望的正面含意，那麼你只會讓自己不斷地去體會失望。

失望的情緒是很難逃避的，它不像緊張那樣，你可以用其他方式去忽視它。它無法逃避也無法用任何方法去克制以及牴觸，唯一的辦法就是不把希望寄託於外界的一切。

如果你是對自己失望，那麼你就要學會堅強。有些人替自己安排了每天要學習的內容，但是懶散的習慣讓自己無法

步驟五：在痛苦中發現正面意義

做到原先設定的要求，實際上這就是軟弱的表現。你不需要去對抗負面情緒，但是一定要去對抗舒適感，這需要你逼迫自己變得更加堅強。

以上的這些案例並沒有包含全部的情況，人的負面情緒會在不同的情景中產生，那麼面對更多情況又如何能讓自己找到這其中的正面意義呢？

讓自己跟著以下的思維邏輯走，便能讓自己在負面情緒中找到正面意義的鑰匙。

1. 感受自己的負面情緒，讓自己清楚現在的感受是什麼。不要用痛苦這個詞來表達，這太模糊了。你要知道自己現在是失望，是憤怒還是悲傷，一定要找一個確切的情緒詞彙。
2. 找到自己負面情緒的根源。你為什麼而感到悲傷或者失望？
3. 想一想現在的自己得到了什麼，失去了什麼，或者想要什麼。
4. 判斷一下自己的負面情緒能讓自己得到想要的東西嗎？
5. 在負面情緒裡找一找自己想要的東西。你可以問問自己我為什麼會有這些負面情緒？
6. 付諸行動。

第 2 章　與情緒對話：學會溫柔地自我接納

第 3 章
打造專屬的情緒處方

　　替自己制定情緒處方並不是為了治療自己的負面情緒，要知道所有的負面情緒都有一定的正面意義，讀懂自己的負面情緒會讓你更好地了解自己。

　　你想要讓自己更瘦一點，因為你喜歡擁有好身材的自己，但是你的行動卻讓自己成為一個胖子；你想要在工作上更勤奮努力一些，因為你喜歡擁有良好事業的自己，但是你的行動卻讓你成了一個事業平平的人；你想要在人際交往中顯得更有智慧一些，因為你喜歡擁有高情商的自己，但是你的行動卻讓你成為一個總是無法控制自己情緒的人。

　　每次定好各種目標，替自己鼓足精神，但是一付諸行動就會被自己的負面情緒綁架，最後導致放棄。這一切都是因為你不了解自己的負面情緒，你被負面情緒牢牢綁住了。

情緒的產生在很多時候都是隨機的，因為人的大腦一直在運轉著，思緒總是在不斷地產生和消失，同樣，情緒也是如此。

如果我們現在開始在意自己的情緒，在意自己當下的感受，用更客觀、更理性的態度去應對它，那麼很快你就能走出情緒的谷底，讓負面情緒成為你前進的動力。

本章將介紹 8 個非常簡單的辦法，讓你更了解自己的情緒狀態，從而更加熟練地應對自己的情緒。在這 8 個方法裡面，建議你至少選擇 3 個方法來作為日常訓練方法。

每一個習慣的養成至少需要 3 個月，而真正擁有一個習慣則需要 256 天。因此建議你一定要選擇最適合自己的方法，也就是對自己而言最容易做到的方法，只有越容易做到才能堅持做下去。

方法1：每日記錄情緒變化

前文中曾多次提到，情緒是會流動的，它會隨著自身的思維和身體狀態的變化而變化。可以說很多情緒都是捉摸不定的。但是如果你自己意識不到這一點，那麼你就會刻意去放大自己的情緒。比如當自己產生負面情緒的時候總是想尋找發洩出口，因為你將負面情緒看得太重要了，你覺得一定要去解決這個「問題」你才能繼續生活下去，否則你就會感受到痛苦。

但是如果你不認為負面情緒是一種「問題」，那麼你也就不會太把它當回事。這也是人的本能反應，在心理學上，我們總是對未知的事情感受到害怕、警惕，對已知的事物則會選擇忽視。

定時記錄自己的情緒，你就能發現情緒的奧祕。你可以把這一項工作當作是一種遊戲或者是一項實驗去做。你可以設定這個實驗的週期為7天或14天，實驗的目的就是為了讓自己能夠充分感受到情緒的流動。每個人的情緒流動都是不一樣的，它可能有跡可循，也可能毫無章法，但是這些情緒構成了你思維的一部分，你只有以盡可能高的視角去觀察自己，才能真正了解自己。就像我們常說，別人看待你和你看待自己的結論是不一樣的。

第 3 章　打造專屬的情緒處方

接下來你可以準備以下幾樣東西：紙張和筆，或手機備忘錄，也可以選用冰箱留言板。

以上三種選擇無論你選擇哪一種都可以，但是有一個前提條件，要選擇對自己而言最為簡單且操作性最強的方式。

此外這項實驗，須每隔一段時間進行反覆操作。比如當你完成這次實驗後，你可以間隔 3 個月或 6 個月再進行實驗操作，然後進行比較，從而發現自己的變化。唯有讓自己切身體會這些變化，才能真正去理解這些變化。

那麼接下來就進入到實驗當中，為了更好地進行記錄，我們可以將情緒用兩種方式來表達：

第一種：數位形式。

你可以把情緒分成數字 1～9，以數字 5 為平靜狀態，6～9 作為開心的狀態，數字越大代表內心越喜悅，相反 1～4 作為不開心的狀態，數字越小則表示內心的痛苦程度越高。如果你選擇這種形式，那麼你必須清楚自己情緒的能量級別，即感受的深刻程度。這種方法的好處是有利於之後的對照實驗，在往後的實驗中你可以更加清晰地去分析自己的情緒曲線。

第二種：文字形式。

以簡單的文字描述來記錄自己的感受狀態，你可以寫得

方法 1：每日記錄情緒變化

更具體一些。比如進行情緒疊加，如：緊張＋開心，恐懼＋焦慮，平靜＋無感，平靜＋愉悅等。如果你選擇這種方式，你可以在每次的實驗中找到回憶的樂趣，同時你也可以更加清晰地感受到自己更喜歡哪一種狀態下的自己，和討厭哪一種狀態下的自己。每個人對感覺的喜好都是不一樣的，有些人喜歡「緊張＋刺激」的感覺，有些人則喜歡「平靜＋愉悅」的感覺。根據自己不同的感覺喜好，你可以更加準確地找到自己的職業方向以及人生目標。

我的建議是你可以先選擇第二種形式進行記錄。因為大部分的人在沒有經過一定的思維訓練之前，對情緒的感受程度是不敏銳的，也就是對情緒的程度感受會不斷變化標準，或者對標準模糊不清，造成實驗的不準確性。建議你經過幾次文字記錄實驗，能夠分清楚自己的感受後，再選擇第一種的數字記錄方式，讓你在情緒的流動中更容易找到平衡感。

接下來就要選擇 5 個以上的時間進行記錄，為了讓自己更加方便地進行實驗記錄，我給出以下幾個時間點，你可以在這其中任意選擇 5 個時間。

第 1 個時間：早晨睜開眼睛時

第 2 個時間：早晨盥洗完畢後或吃早餐時

第 3 個時間：早上 10～11 點左右，開始工作時

第 3 章　打造專屬的情緒處方

第 4 個時間：中午吃飯時

第 5 個時間：晚上下班前

第 6 個時間：晚餐前後

第 7 個時間：晚上 10 點左右

第 8 個時間：休息前

當然，如果你覺得在刻意的時間記錄對你來說實在太麻煩，那麼你只需在一天中隨機記錄 5 個不同時間的感受，只要時間間隔在 30 分鐘以上就可以。

接下來就需要你親自來記錄細節了，為了保持實驗的客觀準確，請你務必真實地去記錄自己的感受。不用記錄自己此刻在做什麼，也不用記錄周邊的環境是什麼，你只要客觀記錄此刻的心情或感受是怎樣的就可以。因為在別人看待你的時候，他不會思考你正在想什麼，也不會去思考你正在經歷什麼，他看到的只是你呈現出來的情緒狀態。

這個實驗可以幫助你了解自己每天的外在狀態是怎樣的，你可能認為自己的情緒不會寫在臉上，或者別人感受不到你的情緒。可事實並非如此，當你有了感受以後，你的念頭就會促發行動。你可能並沒有意識到自己正在做什麼，但是你周邊的人都會看到你在做什麼，只是他們並不知道你在想什麼。因此累計記錄這些資訊，你就能清楚觀察到自己的

狀態。你不需要刻意地去調整，去對抗情緒，只要順其自然地去記錄就可以。當你記錄了一定的資訊後，再去觀察你的紀錄，你就能真正地了解自己。

你不需要刻意去更改任何時段的狀態。記錄的時間越長，你越容易找到情緒的平衡感。當你清楚自己在做什麼，你就不太容易會情緒失控。

現代人就是太在乎自己的想法而忽略了自己的行為，會在不知不覺的行為模式裡生存，讓自己總是處於一個渾渾噩噩的狀態。日子一天天在過，又不知前進的方向在哪裡，因此迷茫感已經成為現代人的通病。

記錄自己的情緒狀態會讓你逐漸走出失重的迷茫感，在生活的細碎裡找到平衡的感受。情緒就像雲霄飛車一樣，負面情緒就是一種下墜，也是一種失重的過程，因此很多人才會急切地想要在負面情緒中找到出口，找到辦法。那麼，最好的辦法就是先了解自己的狀態處於什麼位置，當你看清楚情緒這層神祕的面紗後，自然而然就能找到情緒的平衡感。

第 3 章　打造專屬的情緒處方

方法 2：用日記梳理內在感受

在我們的日常生活中，許多人一遇到令自己煩心甚至是痛苦的事情，要麼深陷於此，要麼就是找發洩的途徑。

事實上在前幾章中都反覆強調這樣的做法是錯誤的，當自己在消極的狀態下，自己的想法和做法都是負面的，你只會不斷地擴大自己的感受並在其中越陷越深。但當你把它們寫在紙上時，你不僅是身為一個當事人、記錄員，此外你還是第三方的觀察員，而身為旁觀者來看待自己時，你就會變得更加客觀和理性。

心理學家本尼曾做過一項關於「寫日記」的研究實驗，參加實驗的人必須每天寫 15 分鐘的日記，日記的內容是寫下自己最痛苦的經歷。其中有幾項要求：①描述自己對那段痛苦經歷的感受。②描述自己當時的行為，即自己做了哪些事情。③事後對此事的分析。

研究發現，當實驗者們在持續 4 天記錄下痛苦的經歷後，他們的焦慮度開始上升。但到了第 6 天，實驗者們的焦慮度又開始下降了，甚至低於原本的焦慮度，然後在很長一段時間內一直保持穩定。

可見，寫日記就是一種有效應對負面情緒的長期方式。

實驗者們在之後的一段時期內不僅有效地降低了焦慮度，還提高了心理的免疫能力。

還有一位研究者也曾做過一個類似的實驗。參加實驗的人也是每天必須寫 15 分鐘的日記，但是不同的是實驗者每天寫下的是自己最高興的經歷，並描述當時發生了什麼，以及盡可能詳盡地寫下自己當時的感受。

這個實驗記錄的內容與本尼的實驗完全相反，但是研究的結果卻是相同的。實驗的參與者們都提高了心理的免疫能力，情緒也變得更加快樂了。

這就是寫日記的功效。無論你用哪種方式去記錄，你不僅是當事人也是旁觀者。你既可以感受到自己的內心，又能以旁觀者的角度去看待自己。如果你只是在腦海裡思考這些事情，就只能以單一的角度去感受自己的情緒，而這樣的思考方式其實是不全面的。

寫日記也是一個傾訴的過程，只是這個傾訴者和聆聽者都是自己。這不僅是一個十分安全的做法，也是一個十分有效的做法。無論你向誰傾訴，其實沒有人可以和你感同身受，因為每個人的思維和感受都是不一樣的，即便同樣的事情發生在兩個不同的人身上，最後的結果也是完全不同的。你不能企圖讓別人去理解你，別人不是你，無法做到真正的理解。

唯有你自己才能真正理解自己，所以你只有向內看，以

旁觀者的角度去觀察和分析自己，你的情緒才能得到真正的治癒。

現在你知道了，寫日記是一個非常好的應對自己情緒的辦法，但是要想養成寫日記的習慣並不是一件輕鬆容易的事情。每個人對於自己沒有的習慣，起初都會產生抗拒的心態，因為這不屬於自己本來的生活方式，即便它是好的，是有用的。所以要養成這樣的習慣需要一些方法和過程。

那麼接下來提供大家一些步驟，讓自己能夠逐步去養成寫日記的習慣。

1. 制定短期計畫

可能你會疑惑為什麼是制定短期計畫而不是制定長期計畫？對於大部分人來說，長期計畫是一件可操作性不高的方式，比如你計劃一年內要讀夠多少本書或減重多少公斤，但是實踐起來大部分人都很難堅持。沒有非常明確的行徑路線，計畫就會變成空想。想要養成某一個習慣，計畫必須每一天落實，因此制定短期可以預見的計畫會增加可實施性。

2. 不要設定寫日記的時間和內容

寫日記目前並不是你的生活習慣，在你還沒有完全擁有這個習慣的時候，盡可能不要替自己設定太多的限制，越多的限制最後就會導致了這件事無法執行。

方法 2：用日記梳理內在感受

在什麼時間寫日記完全不重要，重要的是你做了這件事。你可以在一天的任何時間裡寫，寫什麼內容，寫多少字都不重要。甚至你可以就簡單寫幾句話，描述一下自己此時的行為和感受。

3. 不要被形式主義綁架

你不必特別準備任何東西，你可以今天寫在手機裡，明天寫在紙上，後天寫在電腦裡。你也不必刻意想著怎麼把它們集中在一起。因為這非常的簡單，手機和電腦裡的日記可以列印出來，你只需要把日期寫上，以便自己排下順序。

其實不寫在某個特定的本子上反而不容易產生壓力感，尤其當自己看到一本厚厚的空白本子，就會不自覺地想像要寫多久才能寫完這本本子，而一旦有了這一想法就會讓自己產生恐懼感。為了讓自己養成這一習慣，就要摒棄所有可能會讓自己產生壓力、恐懼、厭煩等負面情緒的行為做法，即拋棄所有的形式主義。

最後不斷重複以上三個步驟，不要告訴自己這是必須養成的一個習慣，你只要把它當作短期計畫去執行即可。

即使有時候不經意間會偶爾中斷，即某天完成不了這個事情，也不要過度擔心。重新制定計畫，不斷地去執行這件事即可。一件事件持續做便是習慣，一旦不做了就不再是習慣。

方法3：以閱讀拓展心靈視野

如果寫作是傾訴，那麼閱讀就是傾聽。傾訴很重要，它是釋放負能量的一種方式，而傾聽更重要，它能夠提高我們的精神視野。

小時候遇到的問題放在今天來看，你會認為這不是一個問題。比如小時候你會因為丟了一塊橡皮擦而生氣一整天，可如今你會覺得失去一塊橡皮擦比起失去工作、失去家人，根本不值得生氣。但是小時候卻想不到這些，這就是格局的不同。

提高自己的精神格局可以讓人擺脫生活的瑣碎，當你的視角不再是廚房裡的柴米油鹽，不再是公司裡的明爭暗鬥，你會感覺豁然開朗。當你把問題看成問題時，那麼它就是一個問題，而如果你不把問題看成問題，它便不再是一個問題。

拓寬我們視野和思緒最好的辦法就是閱讀。透過讀書你可以去了解大千世界。而這些不同視野的資訊會大大拓寬大腦資訊處理的運算模式，即面對同一個問題你會產生多元度和高層次的思考。

人類靠認知來了解世界，所以要想不再被負面情緒所綁架，就要讓自己的大腦換一個運算方式，最徹底的辦法就是進行大量閱讀，不斷提高自己的認知水準。

方法 3：以閱讀拓展心靈視野

每個人自出生以來就和自己的思維共存，我們依託自己的大腦思考，並且習慣了自己的思維方式。而讀書就相當於讓自己的思維和別人的思維進行交疊，或者是容納別人的思維模式。對於很多人而言，這種交疊會令他們感到不適應，不習慣，因此一看到書就會頭痛，就會感受到恐懼。

這就像傾訴容易，傾聽難。

那麼接下來就介紹一個最實用的讀書方法 —— 做閱讀摘記。你需要根據以下步驟去準備一些東西和一些特定的環境，它和寫日記不同，日記可以隨時隨地記錄，而摘記則需要你單獨為它空出一定的時間。你可以把這件事想像成一位老友每天定時打電話向你傾訴，你需要全神貫注地傾聽他所說的內容，否則你就無法理解他的想法。

‧設定時間

初期建議你把時間設定在 10～15 分鐘，一開始最長不要超過 20 分鐘。盡量讓自己處在一個較為安靜的環境裡進行閱讀，這樣才能讓自己的注意力集中。

‧選擇書籍

在你還沒有養成閱讀習慣的時候，千萬不要選擇一些特別厚的文學作品，這很容易讓人產生壓力和恐懼。

初期可以選擇一些自己最感興趣且比較薄的書籍，可以

第 3 章　打造專屬的情緒處方

是雜誌、報紙或者散文集。不要設定應該看什麼書，不要把看書當作一件特別目的性的事情。假如你是一名保險業務員，你可能會認為自己應該看一些金融類書籍，而認為其他類書籍是對自己沒有用的，於是就不看。

這其實是一個失誤，想要真正提高自己的視野和思維的通透性，就要多元看待問題。這就需要去讀各方面的反映人類文明的優秀作品，以提高自己的思維高度和人文素養。

・邊閱讀邊摘記

剛開始讀書的時候，很多人根本看不進去，看完一整頁就覺得很費力了，那麼做摘記可以幫助你有效閱讀。如何做摘記呢？

有兩個方法你可以參考：1. 選擇一段讓你受到觸動的句子或者段落抄下來。2. 選擇需要反覆銘記的觀點摘寫下來。

人的衰老不僅僅是外形上，更是內心上的。當一個人不願再聆聽世界，不願再接受新事物時，他就走向一個閉塞且黑暗的地方。當你的世界只有你一人時，你便會不斷放大自己內心深處的感受，即擴大負面情緒的感受力，那麼你便會陷入情緒的沼澤裡無法自拔。

方法 4：以閱讀拓展心理視野

大腦的重量僅占體重的 2% 左右，但是所消耗的能量卻占人體能量總消耗的 20%，因此現代很多腦力工作者常常會覺得很累。而大腦的疲勞會優先於身體的疲勞，即大腦的疲勞感會讓人感受更深。腦部的疲勞和肉體上的勞累有根本性的差異，無論你怎麼讓身體進行休息，大腦的疲勞還是會在不知不覺中累積。

疲勞的大腦總會讓人不禁感受到無奈、壓力、焦慮等情緒，你也不知道自己到底怎麼了，也沒有發生不愉快的事情，但是就是感覺不開心。那麼這時候你就要試一試下面介紹的方法進行靜思。

這裡的靜思不同於宗教意義上的冥想，這是一種被稱為「超覺靜坐」的放鬆方法。這種方法可以讓大腦得到深度休息。

世界各地的研究者們都曾經對超覺靜坐進行過生理學研究，這些實驗和研究成果已經獲得廣泛認可。它能使人體的腦電波平穩，減少能量消耗，降低血液中的乳酸濃度。乳酸被認為是血液中的疲勞因子，是人疲累的根源。長期養成靜思的習慣會讓人心平氣和、頭腦清楚。

第 3 章　打造專屬的情緒處方

「超覺靜坐」整個過程只需要幾分鐘左右，雖然時間上很短，但是每個步驟都需要你全心全意配合才能產生功效。

步驟 1：調整身體

盤腿而坐，保持背部挺直。

步驟 2：調息（2 〜 3 分鐘）

@ 閉上雙眼：不要緊閉，保持眼皮遮住眼球即可。

@ 腹式呼吸：用鼻子深深吸氣，緩慢且深長，讓空氣充滿整個鼻腔進入大腦，停留短暫的 1 〜 3 秒後，緩慢地再將所有的廢氣通通排出、排盡。剛開始做的時候可以一分鐘呼吸十幾次，而隨著呼吸的深入可以嘗試著逐漸減少到一分鐘 5 〜 6 次呼吸。

@ 數次數：在吸氣呼氣的時候你可以默默地數一下次數，不要發出聲音，在心裡數即可。

步驟 3：默唸真言（非必要，可選擇）

你可以試著默唸一些鼓勵自己的話語，比如「加油」、「你可以的」等鼓勵自己的話，也可以以第三人稱說一些安慰自己的話語。

定時進行「超覺靜坐」一段時間後，你的大腦會感到更輕鬆。

越是簡單的事情，堅持做起來並不容易，因為它太過簡

單了，簡單到很多人都記不起來要去執行這件事。接下來的一些辦法可以增加這件事的儀式感，讓自己能夠時刻想起要執行這件事。

技巧 1：設定鬧鐘

推薦兩個設定鬧鐘的時間點，一個是早上醒來後，一個是晚上睡覺前。

技巧 2：特定的首飾

為了讓自己在日常生活中也能夠想起來執行靜思，你可以選擇一些首飾戴在身上，比如手錶、戒指、手鍊等，選擇其中一個首飾，然後告訴自己這個是靜坐法的按鈕，看到它或者觸碰它的時候就要開始執行靜思這件事。

技巧 3：喝水

我們每天都會喝水，但是如果你把水附帶上意義，比如水＝思考、水＝休息。因此當你喝水的時候，你就要有意識地告訴自己可以試著靜思一下，讓大腦進行短暫的放鬆。這並不耽誤時間，反而會提高你接下來的做事效率。

當你逐漸養成靜思的習慣後，你可以試著把靜思的時間稍稍拉長，從原先的 3～5 分鐘，加長到 10～15 分鐘，但這個加長的過程不能操之過急。

方法 5：以閱讀拓展心理視野

有一些負面情緒會突然出現。比如你提前規劃好了週末的安排，但你突然就是不想起床，不想做任何事，或者暗示自己時間還早，晚一個小時起來也無妨。最後不斷地拖延直到一整天都過去了，原本安排的事情一件都沒有完成，此時心中後悔莫及，又是懊惱，又是氣餒。

這樣的場景你是不是非常熟悉？其實每個人都會有這樣的經歷，但長此以往，我們內心就會徹底放棄執行並在潛意識中認為自己是沒有能力的人，並對自己感到失望。

這就是一種消極心理暗示。它會誤導你的思維，致使你做出錯誤的判斷和行為。

我們來看一個心理實驗：

1972 年，美國史丹佛大學心理學教授漢恩博士（David L. Rosenhan）招募了 8 位正常人來假扮精神病人，他們之中有研究生、畫家、家庭主婦以及醫生。隨後這 8 個人被安排進同一所精神病院，博士告訴醫護人員這 8 個人有嚴重的妄想症。

醫院裡所有人都知道新住進來 8 個精神病人，但這 8 個人實際上在醫院表現得十分正常，他們身上沒有表現出任何症

方法 5：以閱讀拓展心理視野

狀，但在診斷書的證明下，沒有醫護人員認為他們是正常人。

當他們陸續向醫護人員提出要出院時，醫護人員反而認為他們的病情在不斷加劇，「妄想症」越來越嚴重。有些醫護人員甚至發明了一些精神病學上的新術語來描述他們的「病情」，他們之間的閒談以及其他舉動都被醫護人員認為是「異常行為」。

在實驗中，醫護人員的心裡已經認為這 8 個人是「精神病人」，因此在他們的眼中這 8 個人的一切行為都會被認定是精神病患者的異常行為。

事實上，當一個人替自己設定了某些心理暗示的標籤後，他的思想和行為都會不由自主地去符合自己設定的標籤。

如果你想讓自己更好地掌控自己，用理智去駕馭情感，讓自己感覺到舒服，也讓別人感受到輕鬆。那麼正向的心理暗示，也就是替自己貼上「正面標籤」會幫助你成為一個優秀的人，和一個受歡迎的人。

接下來是你需要牢記的三個心理暗示的規律，這些規律會幫助你更好地進行心理暗示。

規律一：重複

經常重複一個想法，它就會變成你的一個信念。而信念會讓你心想事成，美夢成真。

第 3 章　打造專屬的情緒處方

　　擁有堅定不移的信念的祕訣就是重複你的想法。一句話反覆說，一個念頭反覆出現，它就會成為你思想的一部分，你的信念會驅動你的身體去完成這件事。有些人因為自己沒有執行力而感到失望，其實他們不明白執行力不過是身體的一個程式，關鍵的核心在於信念這臺發動機。你必須先有了發動機，才會有動力執行。

　　此外這裡還有一個小技巧：用最簡短的話語去描述你的想法或念頭，越簡單越好，這樣重複起來就會變得非常容易。

　　例如你的想法是，「我會成為一名職業插畫家」，那麼你可以試著把這個想法縮短至三個最重要的字「插畫家」，每天心中都默唸「插畫家」三個字。不要考慮自己的現狀，不用在意自己的年齡，也不用在意自己是否有繪畫基礎，你只要保持這個信念即可。每天重複地去暗示自己，並且充分相信自己的信念，讓你的信念成為一臺發動機，它會驅使你的身體去完成這件事。

　　規律二：內模擬

　　人的表情和行為會隨著他的感受而變化，即當你感覺快樂的時候，你的表情就會不自覺顯露出你是高興的。而當你感到痛苦的時候，你的行為就會表現出消極的狀態。

　　你可以試著在與人溝通之前進行內模擬訓練，即在溝通

中想像別人是高興的，理解的，平靜的，而自己又是滿意的，喜悅的。你需要去想像這樣的感受，並且拉長這種感受的時間，使自己能夠記住這種感受。在你正式溝通的時候，也許別人的話語會讓你感覺不愉快，那麼你就要開始迅速回憶之前模擬的感受，盡量讓自己回歸到之前你所模擬的感受中，而不是被當下的不愉快所牽制住。

規律三：替換

心理學家發現，我們的潛意識在同一時間內只能主導一種感覺。即當下如果你的潛意識告訴你，「我做不到」，那麼你此刻只會感受到消極的情緒，而負面的情緒會導致你做出一些與你期望相反的行動。因此及時替換當下的潛意識尤為重要。當你的潛意識被替換掉後，你的行為就會發生改變。

例如你在某個時刻的感覺是「我做不到這件事」，你也聽到了你內心的聲音，然而要改變這個聲音你得綜合上面兩個規律來替換這個負面的潛意識。

首先你要做的是用簡短的話語來描述正面的潛意識，例如：「我可以」，然後重複再重複，十遍二十遍，甚至上百遍，直到你相信自己是可以做到的。然後進行規律二的操作，內模擬你的感受，你可以想像自己做成了這件事後的感受和心情，不斷讓自己加深這樣的感覺。當你充分相信了自己的感受後，負面的潛意識就會被替換掉。當發動機被正確

第 3 章　打造專屬的情緒處方

啟動,程式就會促使行動走向你所期望的那樣。

除了以上三個規律,你還需要一些輔助的小道具來幫你執行潛意識的命令。

道具 1:圖片

你需要把你的信念和內模擬的場景用圖片的形式列印下來,貼在你每天都會看到的地方。例如你希望自己是開心的、快樂的,那麼你就要選一張自己在笑的照片,或者讓你感覺特別開心的圖片。

這些圖片會加深你的感受,尤其當你在執行自己的計畫時出現了氣餒、焦慮、痛苦等情緒,圖片會幫助你駕馭情緒,從而轉換你的思維模式。

道具 2:文字

在一些緊急的情況下,你可能注意不到這些圖片,那麼文字就可以幫助你瞬間理清楚自己的思維。你可以買一些便條紙,用最簡單的文字寫在便條紙上,比如「冷靜」、「平靜」、「耐心」等,最好多寫幾張貼在電腦螢幕以及辦公桌上,讓你能隨時看到這些文字。

道具 3:禮物

禮物會讓自己有成就感,並且能進一步加深自己的信念。比如當你想要發脾氣的時候,你的潛意識幫你糾正了這

種行為，那麼事後你必須要給自己一點小獎勵。這不僅意味著你成功地做到了這件事，更是讓你的信念也獲得了成功的感覺。

第 3 章　打造專屬的情緒處方

方法 6：讓世界成為你的導師

大多數人都認為學習就是讀書，就是為了獲得知識。

實際上這種觀點是片面的。讀書是學習的一種途徑，但不是全部的途徑。

很多企業家並沒有很高的學歷但卻比很多高學歷的人更有見識，這並非是知識無用，而是獲取知識的方式並非單靠讀書，否則人的思考面向就是單一的、片面的。只有越深刻地了解這個世界，你才能活得更自由。

從長遠的角度來看，前幾節的方法都僅針對當下即時的負面情緒。它們就如同感冒藥一樣，只能夠幫助你緩解感冒的症狀，並不能從機體上提高免疫力。如果不提高機體的免疫力，那麼你還是會經常感冒。

你要做的不僅是應對負面情緒，治癒一場感冒，而是要從機體本身著手提高自身的免疫系統。

那麼你要做的是，開啟自己的所有感知系統，去接受並學習這個世界的一切。當你從心底裡接受「向世界學習」這一觀念後，世界就會成為你的圖書館。

接下來就提供讀者一些方法，讓機體逐步開啟感知系統，你先不要以「有用」、「沒用」的價值觀來評價這些方

法，因為你所認為的有用和沒用都是基於你目前的認知系統。

第一步：謙虛

謙虛是一種美德，但很多人為了讓自己外在看起來有「修養」，就會故作謙虛，實際上內心還是高傲的，拒絕接受外在的一切。那麼，謙虛對於這些人來說並沒有什麼實質意義，它僅僅是粉飾的外衣。

謙虛是一個人是否願意接受外界事物的開關。當你拒絕了解世界、了解他人時，你就會常常感受到來自於外界的憤怒，你不理解為何世界要與你作對。然而，事實上是你先與世界隔離開來的。

其實世界並沒有與任何人作對，是你把自己封閉起來了。高傲並不會讓你更高貴，但是高傲會讓你失去本該屬於你的東西。

以謙虛的心態去了解別人、了解世界，你才能獲得多元的智慧。

第二步：嘗試去做沒做過的事情

思維會影響一個人的行為，而一個人的行為習慣又會控制思想的產生。要打破固有的思維習慣，就要從打破一個人的行為習慣開始。也許你沒有發現自己無論做什麼事情都有

第 3 章　打造專屬的情緒處方

一定的規律性，你喜歡做的事情是固定的，你認為麻煩的事情也總是固定的。而總是重複相同的動作無法讓我們了解更多的外在世界。你必須試著做一些你不曾做過的事情，才能獲得新的體驗和感受。

第三步：傾聽

傾聽別人的心聲也是獲取別人想法的一種方式。也許你並不能完全認同一個人的觀念，也不能理解別人的思維方式，但是傾聽會讓你了解到他人是如何進行思考的。尤其當你遇到一些問題時，你便可以模擬不同的思考方式。

但對於很多現代人來說，傾聽並不是一件容易的事。

有時候並不是自己不夠謙虛，而是自己的思維產生了排異性，即我們會去了解與自己認知相同的觀點，而對於與自己認知完全不同的觀點我們就會產生抗拒心理。

對於多數人來說，真相不那麼重要，獲得共鳴和理解更重要。但這一點是非常可怕的，如果你的舒適感僅存在於情緒得到理解的情況下，那麼你的情緒就會很容易被他人左右。

因此你必須要讓自己摒棄這種舒適感，時刻提醒自己舒適即危險。傾聽他人的思想並試著去接受它的合理性雖然是一件讓人很頭痛的事，但它能讓你更接近世界，更了解他人

的想法。我們大多數的負面情緒都是源於不理解這個世界，不明白為什麼別人會這樣做。我們希望別人的行為模式都按照我們自己的意願來進行，而這就是核心矛盾的產生點。如果你不去改變自己的想法，不去了解他人的思考方式，那麼矛盾只會進一步加劇。

改變自己不是一朝一夕能夠做到的事情，你需要的不僅僅是決心，還有一些方法，你可以將這一節的三個步驟與第 3 章所提到的其他方法結合使用，制定屬於自己的情緒處方。當然沒有一張處方可以解決所有問題，就像每次感冒都吃同一種感冒藥，時間一長機體就會產生抗藥性，原先的效果就會逐漸降低。根據不同的時段，你可以替自己制定不同的情緒處方。這個世界上沒有任何人比你更了解自己，唯有自己替自己制定的情緒處方才是最有效果的。

方法7：清理人際關係的壓力源

人大多數的負面情緒都來源於人際交往，你的上司、同事、家人以及朋友等時刻都在影響著你的情緒。如果你不能意識到這一點，你會總是忙於應對負面情緒，不斷地處理已經發生的問題和即將發生的問題。

減少一些容易讓自己產生負面情緒的人際交往，可以幫助你減少由人際交往引發的負面情緒。

把朋友當作人脈甚至是資源，這本身就是一個狹隘的想法。人與人之間的良性交往是在相互幫助和共同進步的基礎上產生的。想要讓自己變得更有價值，就不能把重心放在依靠別人身上。

一個忙於應酬、忙於交際的人，留給自己的時間就會很少，空閒下來就會感覺自己整個人都是空虛的。很多的交際活動並不是精神上的交往，而是一群寂寞的人在一起互相打發時間。彼此之間不僅沒有獲得任何提升，反而精神世界在不斷倒退。沒有相互的鼓勵，只有相互的吐槽和抱怨；沒有相互的支持，只有相互炫耀和挖苦。

試想在這樣一個人際交往的環境中，人的精神世界會被不斷刺激和破壞。當負面情緒成為你的常態時，你便感受不

方法 7：清理人際關係的壓力源

到它的存在，內心的痛苦會逐漸麻木，那麼你的生活就會變得一團糟。

情緒是機體調節思維和行為模式的一個暗號，如果你接受不到這個暗號或者故意逃避它，你就會離自己的內心越遠，從而逐漸成為一個令自己都反感的人。

清理自己的交際圈是為自己提供一個有利於生活和成長的環境。環境是客觀存在的東西，你若想憑自己的一己之力去改變它極其困難。

先改變自己，讓自己擁有更好的狀態，當你足夠好了，你才有能力去影響你的朋友。所以先暫時讓自己處在一個利於自己發展的空間，讓自己擁有更多的時間和精力去致力於自己的成長。

對於很多人來說，清理人際關係，不要太關注交友圈的消息，是較為容易的事情。這些東西本身與自己就沒有那麼親近，當然這些人和事也不會太占用自己的時間，更不會讓自己產生較大的情緒波動，甚至有部分人本身就不太愛和不熟的人交往。所以定時清理自己的交際圈並不是指清理那些不熟的人，而是那些與我們日常生活和工作走得非常近的人。

和親近的人不定期地保持一些距離反而會讓你更能看清楚這段關係的本質，也能讓自己保持獨立的精神狀態。

第 3 章　打造專屬的情緒處方

定期讓自己有一段屬於自己成長的時光可以幫助你更好地提升自己。

第一步：整理出一些時間留給自己

沒有人有義務隨時隨地做你的傾聽者，每個人都有自己的事情。你必須拋棄一些目的性的想法，為自己留出時間和空間，讓自己能夠專注地面對自己的生活。

暫時離開自己的交際圈也是給自己獨立成長的機會。

嘗試獨自面對自己的情緒，在獨處中你會感受到有些朋友是你生命中非常珍貴的人，而有些朋友即使沒有他的存在你也能過得非常好。

第二步：遠離一味索取的人

在人際交往中，一段良好的關係應該是相互成全的。一味索取也是一種傷害，索取的也許是你的時間、金錢，也許是你的社會關係。在索取的關係中，看似是一方在傷害著另一方，實則是相互傷害。索取者失去了獨立生存的能力，而被索取者則在此過程中累積了怨氣，這是一段雙方都無法真正成長的關係。

有些人喜歡幫助別人並不是因為善良，而是喜歡被依賴的感覺或者想要得到外界的讚美，感覺自己好像掌控了別人的人生。但在這樣的情況下，長期被幫助的人實際上

並不會產生感恩的心理,反而會滋生他內心更多的負面情緒。

遠離一味向自己索取的人,不僅是在幫助自己避免傷害,也是在給予別人獨立成長的機會。沒有人會在一段受傷害的關係中能夠不產生負面情緒,也沒有人能夠長期在依賴他人的狀況下真正獲得快樂。

第三步:遠離生活消極的人

一個充滿負能量的人會帶給周邊的人負面影響。好情緒不一定會影響別人,但是壞情緒一定會。

如果不遠離生活消極的人,你自己不僅會感受到痛苦與無助,同時你也會讓那個充滿負能量的人繼續釋放負面情緒。人們不會對著牆怒吼,但一定會對著人發怒。

第四步:遠離沉迷於物質享受的人

一個上進的人是不會把時間整天都花在消費和娛樂上的。人的時間是有限的,如果把時間都花費在物質享受和娛樂上,就沒有時間提升自己的個人價值,也沒有時間規劃自己的生活。而總是和這樣的人在一起,自己也會沉迷於此。

定期清理自己的交際圈也是給自己重新審視自己的機會,在獨處的過程中,想一想自己最近都做了哪些事情,見了哪些人。有些人讓自己感受到輕鬆,而有些人則總是讓自

第 3 章　打造專屬的情緒處方

己煩惱。讓自己不舒服的人,勉強繼續交往,自己也會暴露不愉快的情緒給對方,不如換一種交往方式,讓彼此都有更多的空間。

方法8：用重新思考取代慣性反應

在不同的時間點裡，我們對同一件事的思考和分析是不同的。把思考局限於當下的情緒和當下的情景是非常不明智的選擇，因為時間在流動，周圍的一切也都在不斷變化著。如果你不隨著時間的變化而去重新思考，那麼往後的每一天你將都活在過去的記憶裡，而這是非常痛苦的。

記憶會隨時間的變遷逐漸變得模糊，終有一天你還是要面對現實，逃避是解決不了任何問題的。與其如此，不如早一點進行重新思考。

重新思考不僅是為了審視過去，也是為了找尋自己的內心，找到自己真正想要什麼，或者是自己的目標是什麼。過去發生的一些事情可能會在一段時間裡讓自己產生迷惑，階段性的重新思考也是為了讓自己在人生道路上摸清方向，而不總是隨波逐流。

如果你的行為總是跟著你的負面情緒走，那麼你可能會像一隻無頭蒼蠅一樣在原地打轉。階段性的「重新思考」會讓你時刻掌握住自己人生的大方向，即使在某個時刻感到迷茫了，你也可以及時重新規劃路線，繼續朝著正確的方向前進。

第 3 章　打造專屬的情緒處方

不過，在重新思考之前，你需要審視一下自己的狀態：

1. 你是否在平靜狀態下

狀態會影響一個人的思考方向。當你在消極狀態下，你的想法會不自覺地朝著錯誤的方向，如果這時候你的行動聽從了你的想法，那麼行動的結果必將與你內心真正想要的完全相反。研究發現，多數人在情緒激動的狀態下做出的選擇和行動，常常會令自己後悔莫及。為了避免這樣的情況發生，你必須審視一下自己的狀態是否足夠平靜。

有一個簡單的衡量標準，不需要你去測脈搏或者做心理測試。只需向內觀察一下自己，目前大腦是否是放鬆的，即有沒有很多的想法和雜念，身體的肌肉是否有緊繃的感覺。如果感覺不好，那麼不要急於下結論。可以過幾天再重新思考，切勿強迫自己立即做出結論。

2. 你是否已經放下過去，不再耿耿於懷了

在很多心理健康活動中，心理師常常會要求學員重新思考過去令人痛苦的事件，試圖讓學員換一種思考方式。但是這其中有一個非常重要的前提條件，那就是你是否已經放下過去了，如果沒有，那麼你還是會以過去同樣的思維方式去思考那段不愉快的經歷。這不僅不能解決問題，反而會加深痛苦的感受。

方法8：用重新思考取代慣性反應

重新思考的前提必須是你已經不再對那段過往耿耿於懷了，你已經接受了那段過去，否則你無法以平靜的狀態去重新思考。這就如同你不小心燙傷了手指，在第二天你準備冷靜回想這件事的時候，疼痛感會首先出現在你的腦海。感受總是優先於想法，並且會引導想法，迫使想法去接近感受。因此，只有當你的疼痛感完全消失了，你才能客觀地去複述這件事。

在你還沒有治癒好自己的時候，你可以反覆參考並使用前幾章的方法讓自己緩慢恢復到一個平靜和理智的狀態。

3. 你是否準備好了向前走

重新思考意味著你要徹底和那段不愉快的經歷告別，也許那段令你傷痛的記憶是珍貴的，但是人不能總活在過去。重新思考也意味著你需要重新審視自己，是否有勇氣去承認自己過往錯誤的思考和行為。

每個人都會犯錯，勇敢的人會在錯誤中成長，在錯誤中尋找智慧。每一段令你不舒服的經歷也意味著你有過不恰當的行為，這些行為的不妥之處也許當時你並沒有意識到。因為我們總是以自己的想法作為衡量標準，一旦別人的行為不符合自己的想法或理念，我們就會誤以為這是別人的錯誤，於是負面情緒就產生了。

第 3 章　打造專屬的情緒處方

　　如果你準備好承認自己的錯誤，並且更正自己往後的行為，那麼你一定會在重新思考的過程中獲取智慧。

　　重新思考過去，也是重新審視自己的內心。在一段不愉快的經歷裡，我們總是會把自己當作受害者，即認為自己是正確的，沒有一點錯誤的行為，一切都是外在問題。

　　但事實並非如此，每個人的世界觀都是不一樣的，因此面對同一件事每個人都會產生不同的想法和行為。

　　選擇性地定期思考過去的一些事情，可以幫助你在接下來的人生階段中避免再犯相同的錯誤，也可以幫助你成為更好的自己。那麼接下來你就可以開始根據以下步驟進行思考：

　　1. 我理想中的自己是什麼樣的

　　你需要定期停下來，想一想你希望自己是什麼樣的人。是樂於助人的，還是吝嗇的人，是理性的還是衝動的人，把這些形容詞都寫下來，越詳細越好。如果你暫時想不出來，可以選擇一個參照物，比如你想成為某個人，你可以觀察這個人的優點和特質，然後詳細地寫下來。

　　2. 我過去做了哪些不恰當的行為

　　有了清晰的參照後，就要回顧一下自己過去的行為有哪些不符合理想中的自己。大多數的負面心態，如焦慮、煩

躁、不自信、恐慌等都是源於對自己的迷茫。當然這是很正常的，每個人都會有這樣的狀態，如若一味地放縱自己，你只會離理想的自己越來越遠。

對照理想中的自己，把過去一些不恰當的行為寫下來，讓自己能夠清楚地知道問題出在哪裡。在所有讓你感覺不舒服的事情裡，你都是主角，要知道換一個主角也許就不會發生同樣的事情。如果你實在不清楚自己有哪些行為是不恰當的，那麼，你可以把你做的所有事情都回想一下，並寫出來，然後思考一下，你的哪些行為會引起矛盾和衝突。

3. 如果再遇到同樣的情況，我可以怎麼做

當你完成了前兩個步驟，第三步其實是非常容易的。

能夠承認自己的問題已經是戰勝了自己，我們最終要面對的敵人不是別人，而是自己。當你能承認自己的不恰當行為，你就會想到很多處理該問題的辦法。此時你可以在腦海裡模擬，或者是把這些處理方法寫下來。然後一條一條地去觀察和思考，下次遇到這樣的情況採用哪些方法會更好。最後把結論記下來，隔一段時間再看一看，想一想。

所有的負面情緒都是暫時的，時間會讓你淡忘它，最終你一定會從負面情緒中走出來。但是負面情緒可能會讓你做出一些消極的行為，這些行為也許會改變你的人生軌跡。

第 3 章　打造專屬的情緒處方

　　情緒會伴隨人的一生，它有時是正面的，有時又是負面的。最重要的是，你能在自己跳動的情緒裡找到真正的自己，成為理想中的自己。不要讓情緒矇蔽自己的雙眼，不要讓情緒指揮自己的行動，你才是自己的主人，而不是情緒。

　　每隔一段時間就去重新審視一下自己，把偏離軌道的自己拉回來，讓自己保持正確的前進方向，最終你才能達到理想中的彼岸。

第 4 章
簡化生活，釋放情緒空間

　　大腦的訊息來源於人的感官以及行為，越多的感官訊息就會導致大腦有越多資訊需要處理。如果你的生活中有太多的資訊需要處理，那麼你的一部分煩惱勢必就會來源於此。人的精力是有限的，耗費大量的時間去處理過多的冗餘資訊，就會影響到你的生活和工作。

　　簡化生活就是減少複雜生活對自己造成的情緒壓力，這樣才能讓你更加專注於有意義的事情，去追求生活的本質而不是形式。

第 4 章　簡化生活，釋放情緒空間

減少擁有，恢復精力自由

在網際網路商品經濟時代，購物變得越來越方便，人們足不出戶就能購買到來自全世界的商品，網購成為當代人的樂趣之一。然而這些物品消耗了大量的精力，你可以試著回憶一下網購一件衣服你總共需要花費的時間。

首先，在你想買衣服之前，並不是衣櫃裡沒有衣服穿，而是在某個網站上看到了一件你喜歡的衣服。當然這個喜歡的感覺是一瞬間的，是無意識的。這裡需要強調「無意識」這一點，因為這個一開始的喜歡並非是你深思熟慮的結果。

其次，這個「喜歡」是你在某個網站上逛了一定的時間才獲得的。網購看起來是一個很簡單的過程，實際是一個非常消耗精力的過程。你需要花大量的時間，去看、去找，才能遇到那個「喜歡」，因為商品的種類太多太多了。你逛實體商店的時候，所有的物品都在眼前，一家店裡就只有這麼多東西，你會很快找到你喜歡的那件。而在網路上，物品的選擇可謂是無窮無盡的，不同的網站、不同的店家、不同的直播主會向你推送不同的商品。在這麼多的選擇裡無法快速地做出決定，種類越多，比較就會越多，大腦處理的資訊越多，得出的結果也就越慢。

此外人對物品極易產生喜新厭舊的感受，在你購買以及等待收貨的時間裡是喜悅的，但當你使用了一段時間後，你的新鮮感就會消失。因此對某個物品的「喜歡」其實是個假象，或者說具有一定的時效性。從經濟學的角度來看，這些物品前期會花費你大量的時間與金錢，但是當你擁有這些物品後，它們就會開始貶值。直到有一天，你會把這些物品給扔掉，即使不扔囤積著，你也不會再次使用。既然這些物品最終的命運是這樣的，那麼何不從一開始就拒絕購買呢？你還可以把省下來的時間去做其他的事情。

其實在這個時代裡，自由是最容易的。你可以自由選擇你將來要走的路，為你的目標而努力。但是事實上，人們覺得越來越累，時間越來越少，越來越覺得不自由。

人一旦失去了自己可支配的閒暇時間後，就會感受到不自由，而人又是嚮往自由的，不自由的感受會滋生很多的負面情緒。所以你必須要學會管理自己的生活，讓自己能夠節省出更多自由時間。

除了減少購物的時間以外，還要精減物品。越多的物品會占用越多空間，那麼你就要花費一定的時間去整理這些物品。就像人數越多的公司，就需要越多的管理人員，否則公司就會一團糟。而管理本身就是一門學問，為了管理好家裡的空間，你還得花精力去思考「管理制度」。要如何歸類，

第 4 章　簡化生活，釋放情緒空間

哪些物品是常用的，哪些是不常用的，這些你都要花精力去思考。

「管理制度」越完善、合理，找東西的時間就會越短。否則東西找不到，家裡越找越亂，心情也會越來越糟糕。

這些物品不僅會占用家裡的空間，其實也會占用你「心」裡的空間。同一類型的物品有太多，你就會每日思考到底優先使用哪個。如果你把很多的精力都花費在了挑選衣服、鞋子、配飾等上面，那麼接下來你便會感覺到疲憊，甚至有心無力，無法專注於其他事情。

研究發現，人在疲憊的狀態下，會容易產生負面情緒。你明明想要更專注地工作，明明想要好好享受聚會時光，但前面的準備已經耗費了你大量的精力以至於你無法以輕鬆的狀態去面對。好的精神狀態可以使學習或工作效率更高，充足的精力能讓你在聚會中展現出自信的魅力。

減少自己的物品實際上就是在積蓄自己的精力。把更多的精力花費在致力於自己成長的事情上，人生才會走得越來越順暢。人一旦沒有了自我思考的時間和空間，就會感到時間過得飛快，忙忙碌碌生活著卻又什麼都沒做成。

如果你靜下心來仔細去感受，就不難發現，深層次的負面情緒都來源於「不滿意自己」。如果你把時間都花費在自己身上，你會看得見自己的成長，並為此而感受到喜悅。

生活空間的整潔反映心理秩序

人們一般認為，在大的空間下，內心更容易感受到平靜，而在狹小的空間裡則會感受到壓抑。實際上這是人們對空間定義的誤解，空間是一個多元的概念，不能單從面積上來定義。

試想一下，自己在擠滿人群的超大體育館裡讀書，周圍有一大片的同學挨坐在一起，還有擁擠的課桌椅，周圍一點點的聲響動靜都會影響到你，你的眼睛、耳朵每時每刻都在接受著周圍環境的訊息輸入，在這樣的環境下讀書如何能集中注意力呢？相比之下，如果在一個明亮的小空間裡，只有你自己一個人，周圍只有白牆，沒有任何裝飾品，房間裡只有一套桌椅，也沒有網路。那麼在沒有任何干擾訊息的環境裡，你會更容易進入學習狀態。

可見，人在越少的干擾下，獲得的空間就會越大。其實，無論你住在多大的房子裡，你身體的感應範圍是有限的。比方說當你在客廳的時候，你接收到的感官訊息只能來自於客廳的環境，你看不見臥室的被子，也看不見廚房裡的碗筷。但如果客廳裡的雜物堆積如山，即便客廳面積很大，你依然會感受到擁擠。

而空間上的不自由就會導致精神上的不自由。人的想像

第 4 章　簡化生活，釋放情緒空間

是無限的，但人的腦容量是有限的。如果大腦裡的空間都被周邊雜亂的資訊占用了，你便很難集中注意力去做好某件事情。想做好卻又做不好，壓力和焦慮的情緒就會找上你。

現代人可以自由選擇自己想做的事情，但卻總會被情緒所綁架。換句話說就是，想做這件事但沒有心情去做這件事。明明安排好了，每天下班後要學習 4 小時，但是就是提不起精神去做這件事。一方面是精神上的疲勞，另一方面是家裡的干擾訊息要遠遠多於公司、圖書館或自修室。舒服的床和沙發會讓你產生睡意，廚房和冰箱又會激發你的食慾，總之家裡的環境會時刻勾起你除了工作和學習以外的其他念想。

想讓自己靜下心來就得為自己創造一些更有利於自己「專心」的環境，其實除了學習和工作需要專心，生活也需要專心。在這快節奏的城市裡，慢生活成為多數人嚮往的生活方式。而慢生活並不一定要歸野山林，外在的環境不過是一種形式。慢生活的核心是「專心生活」，認真地吃飯、認真地睡覺，認真地去做好生活中每一件事情，生活就會慢下來。

選擇速食、外送作為飲食來源，你便體會不到做飯的樂趣；吃飯的時候看著電視劇，你便品嘗不到食物的香氣與滋味；躺在床上的時候滑著手機，你便不能感受到緩慢和平靜

入睡帶來的安寧；沒有空間去認真生活，也就體會不到生活的樂趣。

人最壓抑的時候不是在獨處的時候，而是在人群中；人最焦慮的時候不是在空閒的時候，而是淹沒在資訊中；沒有空間的生活，精神也就得不到自由和釋放。你可以試著把情緒想像成一塊海綿，如果你用力擠壓海綿就會變形，長期的壓迫會使它失去彈性，恢復不了原來的樣子。海綿需要適當的空間才能保持自己的彈性，而人的精神也需要空間。

除了減少感官訊息刺激以外，還要減少太滿檔的活動。試想一下，如果你的時間每天都被安排得很滿，每個小時應該做什麼都被規定得很詳細，甚至連休息的時間都被安排得非常固定，那麼一天之中你的情緒都會處在緊繃狀態中。

不同場合的行為舉動會產生不同的情緒，如果你沒有時間去感受自己的情緒，沒有空間去調整自己的情緒，那麼它們就會全部擠壓在一起，透過下一個行動來釋放。

舉個例子，上午你在進行一個專案會議，但在會議中由於自己有一些言語失誤，致使場面很尷尬，於是你陷入深深的懊惱和自責中。會議結束，馬上又要進行下一項工作，但是此時你還沒有調整好心情。那麼在下一個行動中，你會不自覺地去釋放一些負面情緒，導致下一項工作可能也沒有做好，這就是負面情緒的西洋骨牌效應。

第 4 章　簡化生活，釋放情緒空間

因此，要讓自己保持一定的空間自由，你需要從多個面向替自己創造環境，以下是總結的一些要點：

減少視覺刺激

當你想要專心致志地學習、工作時，就要減少不相干的東西出現在視覺範圍內。例如，盡量讓自己的書桌乾淨、整齊，避免堆放太多的雜物和擺飾。

創造安靜的環境

有些人習慣在讀書的時候放一些音樂，但音樂會影響一個人思考的專注力，從而擾亂思考的節奏。如果想要在大環境中讓自己不受干擾，耳塞比耳機更合適。

認真生活

把時間真正留給生活，你才能在紛擾的世界裡感受到寧靜。認真吃飯，吃健康的食物，在該睡覺的時候認真睡覺。

正所謂「小隱隱於野，中隱隱於市，大隱隱於朝」。

都市高樓也可以成為世外桃源，這完全取決於你的生活方式。

留出更多時間

為自己留出更多時間，讓自己盡量處於輕鬆的狀態。

比如做自媒體工作的人，同樣是寫一篇 2,000 字的網路

文章,給自己 2 小時和給自己 4 小時時間進行創作,其過程和結果肯定是不同的。2 小時,你就要思考如何在有效時間內湊滿字數,而 4 小時你會把時間進行分割,先讓自己思考,然後尋找資料,最後再去寫。2 小時的時間裡,你會感受到緊張和壓力。而 4 小時的時間裡,你會處於較輕鬆的狀態中創作。

　　這並不是拖延,而是多給自己一些空間,讓自己在輕鬆且有思考的狀況下更好地去完成一件事。拖延則是指,將一件事盡可能地往後延遲,越拖延時間就越會被擠壓,那麼壓力也就越大。

第 4 章　簡化生活，釋放情緒空間

面對選擇焦慮的本質

從理論上來說，選擇越多，人越能做出理性的判斷。

然而事實是人的行為不完全由「你」決定，很多因素會導致你做出令自己後悔的事情。甚至在選擇越多的情況下，人就會產生越多的煩惱。

舉個常見的例子，在你準備睡覺的時候，突然手機傳來了訊息，你就要選擇到底是看還是不看，看了可能會睡不著，不看的話「好奇心」會讓你產生焦慮。無論你選擇哪一個，都可能不是一個好的選擇。另外，睡覺的時候旁邊有手機，也是替自己創造了選擇的機會，睡不著就會想著要不要看一眼，結果看著看著就又熬夜了。

其實，在工作上也類似，提供給客戶的方案越多，客戶就會產生更多的疑問和選擇焦慮，從而導致專案拖延或根本成交不了。因為人在面對有選擇的情況時，看似好像是自由了，但其實大腦需要處理的資訊更多了。需要比較更多的因素，考量更多的問題，那麼在這一過程中，人就會感受到由選擇帶來的「一些麻煩」。

過程體驗感越不舒服，人就越有可能做出錯誤的選擇。

就像很多做自媒體工作的人，寧可租用共享辦公室也不

願意在家辦公。因為在家有很多選擇可以做不同的事情，而在這些選擇中，工作和學習的效率就會越低。

自律不是自虐。自律是為自己創造條件，讓自己順著一定的規律達到一定的目的。自律是自然而然可以做到某件事情，而自虐會讓人精神感到極大痛苦，即便你在短時間內達到了一定的目的，但從長期考量，自虐根本無法讓人堅持下去。

越自律越自由，越自虐越痛苦。想要達到自律的效果，就要為自己創造「沒有選擇」的條件，即讓自己脫離有選擇的環境，過簡單的生活。

簡單生活可以幫助你完成許多你曾經做不到的事情，比如：

控制體重

良好的體態會讓人感受到輕鬆和愉悅，而肥胖臃腫的身材不僅會加重身體的負擔，還會令自己常常感受到不自信。如今，越來越多的人加入到減肥的行列，但是大多數人無論怎麼減，都瘦不下來，或者在短時間內瘦下來後又會快速復胖。

要想成功控制體重，你就需要替自己創造無法獲得這些食物的條件：

第 4 章　簡化生活，釋放情緒空間

1. 卸載所有可以叫外送的 app；
2. 行走中遠離餐廳和超市；
3. 家裡不要堆放太多的食物；
4. 不買速食產品。

人都是害怕麻煩的，之所以總是叫外送，主要原因還是因為方便。如果你將這些「方便」變成了「不方便」，那你就會在選擇的時候遠離這些不方便的行為。

吃最簡單的食物，用最簡單的烹飪方法，便能減少高熱量的攝取，身體就會順其自然地保持良好的狀態，心情也會獲得長效的愉悅。

節省開支

能讓人感受到壓力的原因之一必定和金錢相關，沒有物質基礎就無法滿足精神上的追求。脫離物質基礎，單純從情緒出發尋找負面情緒的解決方法顯然是治標不治本的。人的很多負面感受都是源自於沒有保障的物質生活。

而現代人又容易在物質欲望中迷失自我，但實際上這些物質欲望並不是真實存在的。這些物質都被商家注入了「神話」般的故事，你追求的到底是物質本身，還是由「神話」故事帶來的感覺，實際上你自己也說不清楚。

最好的辦法就是讓自己遠離這些「神話」故事，卸載會

讓你產生購物欲的 app，嘗試過最簡單的生活，感受物質本來的面目。

簡單的生活不需要去購買很多的東西，只需要最基礎的生活用品，同一類型和功能的產品只購買一個足矣。使用頻率極低的物品可以買二手的，或者買便宜的。替自己創造簡單生活的環境，可以節省很多的開支。雖然短時間內你可能感受不到儲蓄的力量，但是積少成多，長時間累積後，你便能感受到複利的力量。

減少開支就是增加收入，促使你將來有能力去做更大的事情，而不是被眼前的物質誘惑牽絆住前進的步伐。

減少浮躁的情緒

為什麼你靜不下心來做一件事？為什麼當你準備認真做事的時候卻又不知不覺地去做了其他事情？

原因很簡單，當你面前有其他選擇的時候，你的意識和行動可能就不受理智控制，而會跟著感覺走。而感覺又來源於情緒，所以不是你不想這樣做，而是你總是被情緒綁架。

過簡單的生活，就要摒棄讓自己產生「行動選擇」的條件。首先你需要把自己的居住環境打掃乾淨，其次把居住區的功能劃分清楚。臥室就是睡覺的地方，與睡覺不相干的東西都要通通拿走，床上只能有枕頭、被子等，不要把電子產

第 4 章　簡化生活，釋放情緒空間

品放在床上。其他區域都要按照功能劃分整理，保證每個區域裡只能做一件事。例如，書房只是書房，不是餐廳也不是臥室。

把空間整理乾淨了，行為就能跟上節奏。在一個時間或空間裡只做一件事情，行為的節奏就不會被打亂，從而也就不容易產生浮躁的情緒。

以上列舉出的一些方法都只是很小的一部分，實際生活中有太多選擇性的細節。而這些選擇的瞬間往往會被我們忽略，有時候你明明計劃要做這件事，然而被某個情緒打斷就去做了另一件事，所以你必須時刻清楚自己在做什麼。

當你意識到自己已經偏離了軌道，那麼以下方法可以幫助你回到正軌：

1. 回憶時間

回想自己之前在做什麼，而現在你又在做什麼。在最短的時間內感受到問題，了解自己此刻已經被情緒所綁架了。

2. 感受情緒

當你意識到自己的注意力已經被打斷後，不要急於去抵抗這種情緒，這只會讓你感受到痛苦在加深，越掙扎情緒就會被擠壓得越厲害，也就難以掙脫。此刻你只需要沉浸下來，去體會當下的感受，做幾個深呼吸讓自己平靜下來。

3. 即刻切斷此刻的選擇

人在激動的狀態下很難做出正確的行為，因此當自己平靜下來後必須以最快的速度切斷現在的行為，拋開任何雜念，即刻停止現在的行為。

4. 清除干擾因素

但凡自己的意識被打斷，必定是因為有了「選擇」的條件，可能是視覺上的，也可能是聽覺上的，總之有個干擾因素存在。因此，為了讓自己盡快恢復理智，你需要再次清理干擾因素，或者讓自己遠離這個干擾。

我們試想一個實驗模型，在筆直的火車軌道上增加一條路線，當小火車行駛到分岔路口，它就得進行選擇，而一旦選擇錯誤，它可能無法準確到達最終設定的目的地。

而如果只有一條路線，它便能順其自然地到達目的地。所謂的自律也是如此，想讓生活變得更自律，獲得更多的自由空間，那麼你就要剷除生活中太多的選擇題。

第 4 章　簡化生活，釋放情緒空間

為自己展開一場全新的日常

簡單生活會帶給我們諸多好處，但簡單生活並不是立刻就能擁有和習慣的，這需要你付出實際行動。當你下定決心擁有簡單生活的時候，你離目標已經不遠了。

因為這些行動並不需要你去刻意練習才能完成，這些方法都很簡單，人人都可以做到。

要下定決心去執行這些事情，可能你還需要再多說服自己一點，比如進行一場心靈對話去連結自己的潛意識。臨床心理學家傑森・莫瑟（Jason Moser）將這一行為稱為「自我對話」。

事實上，我們每天都在進行大量有意識或無意識的自我對話。我們的腦海中都會有一個聲音，有時候它只存在於內心，有時候我們會脫口而出。可以認為，自我對話其實就是我們的潛意識在發聲。佛洛伊德認為，我們難以察覺潛意識的存在，但是潛意識卻可以影響我們的生活。

因此透過自我對話連結潛意識，可以幫助你找到內心渴望的生活狀態。我們的行動常常會被當下的感受所控制，或者說是被情緒操控，而自我對話可以幫你找到你的潛意識層面，激發內心的渴望，執行你真正想要的行為。

接下來，你可以順著問題來進行自我問答，不需要完全唸出聲音來，你只要默默地把答案告訴自己就可以，回答得越詳細越好，並在回答的過程中記住這種感覺。

1. 你想成為什麼樣的人？
2. 你現在遇到的困難有哪些？
3. 換一種生活方式可以離你的目標更近，你願意嘗試嗎？
4. 想像一下你完成目標後的心情和感受。

在你還沒有習慣做自我對話的時候，可以採用上面的步驟問法。在對話中你也可以嘗試更改或增加問題，或者把問題問得更詳細一些，這麼做的目的是為了讓你自己能夠清楚地看到自己潛意識的想法。

我們的想法和行為舉動在多數的情況下，並不受自己意識的控制。當下的感覺或者外界的環境都會時刻影響到你的行為。要找對方向，做正確的事情，就要去感受自己的情緒。

但情緒也分表象和裡象，簡化生活方式就是幫助你去掉浮躁且表象的外在情緒。在簡單的生活狀態下，你能更接近自己內心深處的感受。你的內在情緒其實就是你人生道路中的指南針，當你在內心深處感受到了消極和負面的情緒時，就說明你的方向走錯了，你需要及時去調整你的行為和想法。

第 4 章　簡化生活，釋放情緒空間

　　而快節奏以及浮躁的生活狀態會讓你總是手忙腳亂地去處理自己表象的負面情緒，以至於數年之後，你會發現你的人生完全不能由自己掌控。好在人生是一場沒有起點的馬拉松，你可以不斷重新選擇你的起點和方向，在任何時候展開新的生活，只要你想清楚並且下定決心去改變。

　　做好心理準備後，就要開始執行簡化生活的步驟。這些步驟人人都可以做到，不需要有心理負擔，也不用想太多，不要讓當下的想法綁住自己的行動。

策略一：斷捨離從物品開始

現代人們的生活相較過去已經有了翻天覆地的變化。

在資源短缺的時代，很少有人提及物品的整理。家居整理這個概念也是近年來出現的，過多的物品已經困擾到許多人的生活，為此社會上還誕生了許多新型職業如居家整理師。

專門聘請職業整理師對大多數人而言並不現實，除了考慮到費用以外，還有一個重要的心理因素。那就是別人是否能按照你的生活習慣去整理你的東西，雖然空間是乾淨整潔了，但是找東西就會成為下一個麻煩事。

沒有人比你更了解你自己的需求和習慣，所以親自整理不僅能高效且快速地完成這件事，此外在整理的過程中，你還能去思考自己的生活模式。

這裡你可能會有一個疑問：「自己真的能做到高效整理嗎？」

答案是肯定的，只要方法正確了，整理就會變得輕鬆簡單。按照步驟順序去執行，在執行中你會理清自己的思維，會更加理解前幾章所提到的應對負面情緒的一些概念和技巧。

第 4 章　簡化生活，釋放情緒空間

1. 列清單

沒有思考的行動是盲目行動，而在有規劃的前提下，行動會變得非常簡單。所以，請你先不要急著去整理東西，而要先搞清楚自己需要哪些東西。

替自己準備一本筆記本，用不同的頁面將不同的房間先分隔出來。例如這一頁是關於廚房的清單，那麼請你將廚房裡需要的東西按照功能進行區域的劃分。再根據不同的區域來回憶你所需要的東西和數量。

對於自己的衣物，你可以按照季節進行劃分，例如夏天的衣服你需要幾件，或者冬天的衣服需要幾件等。

2. 通知家人

如果你不是一個人獨居，那麼你需要通知一下你的家人，解釋清楚你的目的以便得到他們的尊重。另外，你最好懇請他們一起協助你完成列清單，畢竟有很多公共區域可能是你家人常用的。

3. 規定各區域的整理時間

根據清單上所列出的各個區域的東西，你應該不難看出哪些區域是比較容易整理的，而哪些區域需要耗費更多的時間。根據不同房間或者不同區域的劃分，你需要在上面標注一些擬定時間。

建議以 5 分鐘為一個單位，最大區域的時間不超過 20 分鐘。即以 5 分鐘、10 分鐘、15 分鐘和 20 分鐘為擬定時間來進行標注。

如果你認為整理某個區域需要超過 20 分鐘，那麼請你將此區域進行再分割，例如臥室可能 20 分鐘整理不完，那麼把衣櫥、書桌進行區域分割，即衣櫥 20 分鐘，書桌 5 分鐘。

4. 將物品進行分類

建議你將物品分成 3 類：1. 常用的；2. 不常用但是以後會用；3. 以後也不會用。

把常用的放在最容易拿到的地方；把第二類的東西收納進收納箱，然後貼上標籤；第三類用紙箱或袋子裝好，以便後續扔掉或者捐贈。

5. 決定整理的順序

由於需要整理的地方有很多，可能會耗費很多時間，因此你需要提前安排好整理的順序，以便後續更有條理地去執行。

6. 設定計時器

接下來就要正式開始執行了，根據列表上的議定時間，在行動開始之前用計時器設定好時間。這也是為了訓練自己

第 4 章　簡化生活，釋放情緒空間

在整理的過程中培養時間觀念。

在執行的過程中，盡量讓自己在擬定的時間內完成。

越拖拉越容易產生很多負面情緒，而這些負面情緒會影響到你下一次執行整理工作的心態。

・培養習慣

你不需要一天之內把所有的房間全部整理乾淨，你可以逐步進行這項任務，例如每天花費 20 分鐘，超時的任務可以放到下午、晚上或者第二天去完成。這也是讓自己逐漸養成整理習慣的辦法。每天整理一個區域，不要讓自己一下子感覺太累。因為大腦會自動將這些累的感受與行動連繫起來，導致你下意識地認為整理是一件麻煩事。

只有越輕鬆越順暢地去完成這項工作，你才不會把這件事當作負擔去處理，那麼後續也會更容易讓自己養成整理的習慣。

・獎勵自己

每完成一次任務，你一定要學會獎勵自己。這樣你的意識會認為你正在做對的事情，那麼下一次當你行動的時候，你會更容易進入執行狀態。

完成全部的整理行動後，不要把清單扔掉。一方面，清單可以時刻提醒你不要再購置太多的東西，你已經擁有了很

多。另一方面，儲存清單可以協助你時刻保持家裡的整潔，建議你每隔一週根據清單再檢查一遍自己的居住環境。

第 4 章　簡化生活，釋放情緒空間

策略二：停止無效努力，回歸真實生活

一整年從頭忙到尾成了現在多數職場人士的狀態，但至於一整年到底都在忙些什麼，可能很多人都說不清。有些人害怕失去資源，因此將時間都花在應酬和聚會上，有些人害怕被社會淘汰，因此將時間都花在考證照上，而這些「忙碌」似乎並沒有幫助到你。忙於交際的你，開始懷疑人脈的有效性，忙於考證照的你越來越懷疑努力是否有用。

事實上，這些「忙碌」不僅沒有改變你的生活，甚至導致你的心態越來越消極。但停下腳步又會覺得很糟糕，而這樣忙下去似乎也沒有結果。到底是什麼地方出了問題？

在物欲橫流的今天，很多人把物質放在了第一位，一切的行動都將「有用」、「沒用」放在了第一位，好像只要做不產生經濟效益的事情就是在浪費時間，浪費生命。

不願意花費時間去整理自己的居住環境，因為覺得整理得再乾淨也沒用。不願意花時間安排自己的生活起居，因為覺得計劃飲食、作息並不能帶給自己經濟效益，所以做了也沒用。

捫心自問一下，做那些你認為「有用」的事情是為了什麼？

策略二：停止無效努力，回歸真實生活

　　是為了將來更好的生活，還是為了將來更痛苦的生活呢？顯然是為了前者。但什麼是你追求的「更好的生活」呢？

　　「忙」到沒時間思考，「忙」到沒時間生活，也「忙」到沒時間快樂。這就是我們追求的「更好的生活」嗎？

　　我們總是把生命比喻成行駛的列車，並認為只要車子發動了，那麼就一定會向前行駛。但如果把列車換成自己的雙腿，你還會認為只要雙腿不停地在踏步，就一定會前進嗎？

　　現實生活就是如此，即便雙腿不停地踏步也可以是原地踏步，或者向後倒退。如果你根本不知道路在哪裡，你所謂的「努力」也許只是原地踏步。

　　人生的道路不在書本裡、不在交際裡，更不在幻想裡，而是存在於你的生活裡。換句話說，只有實實在在地去感受生活，你才能在生活中得到感悟，才能真正知道自己想要什麼。只有找到了路，你才能規劃自己的前進路線。

　　為什麼你越努力越累，越努力越迷茫？是因為你所有的「努力」行動都不是你內心真正想要的。那麼這些努力就不會帶領你前進，錯誤的方向只會讓你離目的地越來越遠，自然你的內心也會越來越疲倦。

　　所以現在你必須要停下腳步，把時間留給生活。在生活

第 4 章　簡化生活，釋放情緒空間

的過程中去摸索和思考，只有你真正去生活了，才能弄清楚自己要的生活是什麼。當你有了明確的生活目標後，才能替自己設定路線，你的努力才會有方向。

第一件事：制定作息時間

規定好自己幾點起床，幾點睡覺。保證一定的睡眠時間，才能養好精神。人在疲勞的時候是沒有辦法進行有效思考的，此外疲勞還會帶給人們負面的情緒。

第二件事：留時間給自己吃營養的早餐

早餐是啟動大腦的燃料。許多研究都指出，吃一頓優質的早餐可以讓人在早晨思維敏銳、反應靈活，並提高學習和工作效率。此外研究也發現，有吃早餐習慣的人不容易發胖，記憶力也比較好。

除了吃營養的早餐以外，還有一個重要的關鍵詞是「留出時間」。預留 15 分鐘專門用於吃早餐，不要在上班的路上一邊走一邊吃，也不要到公司後急急忙忙地吞嚥早餐。

第三件事：和家人在一起

生活離不開家人，安排一些時間與家人一起度過，去傾聽家人的感受和想法。你可以定期安排假期旅行，或者每週為家人做一頓大餐，又或者什麼都不做就陪在家人的身邊。如果你的家人離你很遠，你不能經常回家，那麼你可以經常

打電話問候家人,了解一下最近他們在做什麼,聽聽他們的想法。

第四件事:計劃娛樂的時間

自從有了電子產品,人們可以隨時隨地進行消遣娛樂,另外設定娛樂時間,這不是多此一舉嗎?

其實設定娛樂時間也是為了限制不必要的娛樂時間,現代人花費了太多時間在電子產品上,以至於忽略了生活,沒有了思考。

你可以選擇把自己的娛樂時間集中起來。例如,你規定在一天中的某個時段自己可以看新聞或者追劇、打電玩,而其他時間必須安排別的事情。

第五件事:安排運動的時間

運動不僅對身體有好處,對舒解心理也有幫助。許多研究顯示,在運動的狀態下,人的負面情緒會得到釋放和緩解。此外,很多人表示堅持運動會增強自己的意志力,使自己在面對挫折時更容易表現出堅強的一面。

可能目前你沒有運動的習慣,如果一下子安排一週3次、每次20～40分鐘的時間對你來說會比較困難。你可以先嘗試每天只運動3分鐘,例如每天堅持3分鐘跳繩或者每天堅持3分鐘的仰臥起坐。然後再逐漸把頻率提高,時間延

第 4 章　簡化生活，釋放情緒空間

長,把運動當作你每日的必要活動。

　　如果在執行的過程中遇到困難,那麼你可以採用第 3 章所提到的心理暗示和靜思的方法來增加自己的執行力。

策略三：建立健康的金錢觀

在以往的心理學研究中，很多學者會把情緒產生的行為表現進行詳細的分類，然後根據不同的情緒名稱制定不同的應對策略。但近年來，越來越多的心理學家發現，有些應對策略似乎並不能發揮根本性的作用，因為在許多行為的背後還有一個隱藏的誘導因素，那就是金錢。

其實如果你仔細思考，就不難發現，人的很多負面狀態都是和金錢相關的。當然並不是說金錢一定是不好的，金錢也會帶給人正面的影響，只是不合理的金錢支配方式會致使你產生負面情緒。比如在收入少、開銷大的時候，人的壓力就會產生。

可以說人們所有的生活起居、衣食住行都和金錢有著緊密的連繫。不合理的財務規劃或者沒有規劃，都會讓你在生活中感到恐懼和迷茫。

思考自己的財務目標也是明確生活目標的一種方式，而簡化自己的財務支出也就是簡化自己的生活行動。

不過在設定計畫之前，你需要計算平常的支出都用在了什麼地方。這個問題非常重要。很多人為自己果斷地設定一個支出數字的目標後，發現難以執行下去，最後只能不了了

第 4 章 簡化生活，釋放情緒空間

之。我們制定計畫的目的不是為了做漂亮的數字表單，而是為了能夠執行這項任務，如果你的計畫不切實際，那就形同虛設，毫無實際意義。

下面列舉 4 個不同的方向，你可以根據這 4 個方面來進行支出規劃：

・家庭：

家庭支出主要指家人的衣食住行等方面的支出。幸福的生活離不開美滿的家庭，良好的家庭需要你用心去經營。

・個人成長

書籍、興趣愛好或者職業培訓等方面的支出。也許你過去的財務欄中從未有此項的支出規劃，但是這些事情會幫你修築精神世界，擴大你的精神視野，培養你獨立的人格，以及敏銳的思考能力。

3. 娛樂／社交

頻繁的人際交往會影響到我們的個人生活，但是沒有社交，與世隔絕也是不可取的。適當地安排與朋友的聚會，分享生活中有趣的東西，可以為我們的生活增添許多幸福感。

4. 儲蓄

儲蓄是累積財富的過程，擁有一定的儲蓄，會增加你的安全感。

接下來請你準備一些紙，把以上 4 個方向先記下來，然後我們開始制定月計畫和年計畫。

年計畫：

先制定年計畫可以幫助你以更宏觀的角度來思考自己的人生目標，由此再倒推到月計畫中去執行。這會讓你的努力變得有方向性，你也會在執行中感受到前進的力量，讓努力變得不再難以堅持下去。

第一步：明確你最重要的事情。

同樣的事情對於不同的人來說意義也是不同的。事業心較強的人，可能會把工作以及個人成長放在前面的位置，而戀家的人則可能會把家庭或伴侶放在前面。

找到了對自己最重要的事情也就基本找到了你當前的生活目標，而這個目標也就是你真正想要努力的方向。

每個人努力的方向都是不同的，不要把外界設定的目標當作自己的目標，這樣你會感覺很痛苦，且根本無法堅持下去。幸福和快樂不在於你掌握了多少技能，而在於你能把生活過成自己想要的樣子。

此外，生活目標會隨著我們的年齡以及生活閱歷的增加而改變。你不用感到詫異，每個人的路都是不同的，重要的是你要找到自己的路，並不斷前進。

第 4 章　簡化生活，釋放情緒空間

第二步：全年的支出分配。

第一步和第二步沒有必然的連繫，對於你認為最重要的事情，不一定要給予最大比例的開支。你可以根據自己的真實想法來進行全年支出分配，只要確保這是你真實的想法。

第三步：再次檢視合理性。

做好支出分配後，記得最後要把總支出計算一下，確保總支出處於合理的範疇內。

月計畫：

每個月的情況都有可能發生變化。單一固定的月計畫往往是無法執行的。有些月分除了飲食起居開銷外，還有節日、旅行等一些可能會有重大開銷的地方。因此建議你對照著日曆和自己的年計畫，根據實際情況來制定自己的月計畫。

策略四：觀照並修正日常行為

希望你透過閱讀本書了解到，唯有自己才能改變自己的生活狀態，也唯有自己才能找到自己情緒問題的根源並與之和解。向內尋找答案，向內探尋方向，你才不會感到迷茫和痛苦。把改變自己當成一項終生事業去做，你是你自己的員工，也是你自己的老闆。

根據前面幾章的內容，想必你已經可以根據自己的情況替自己制定執行任務了，不過想要使得這項工作順利可持續地進行，你還要以老闆的身分去時刻監督自己、管理自己。

每月檢查

你要以老闆的身分替自己制定每月績效考核。如果績效良好，說明你替自己制定的方案不錯，可以再增加一些內容，或者也可以繼續保持下去。如果績效太差，那麼你得尋找一下原因，是制定的任務不合理，太難了，還是在執行的過程中總是被情緒所綁架。如果是後者，那麼你可能需要適當地多增加一些情緒處方的設定，少一些目標性的設定。

以下是來自三個方面的參考績效，但具體的考核內容僅作為範例，建議你根據自己的情況來重新設計或更改部分內容。

第 4 章　簡化生活，釋放情緒空間

　　下面的每個問答，「是」為 1 分，「否」為 0 分。每個方面的滿分為 10 分。你可以根據不同方面來檢查自己的行為在哪些方面做得還不夠好，需要改進。可以設定 6 分為績效的及格標準。如果績效達標，給自己一定的獎勵。

　　如果沒有達標，那麼你就要思考問題出在哪裡。建議你回到前幾章，重新閱讀一下，找到問題的所在，然後重新出發。

　　生活／休閒

1. 是否整理了自己的居住環境？
2. 是否善加利用自己的閒暇時光？
3. 是否有充足的睡眠？
4. 是否花了時間去陪伴家人？
5. 是否有時間做自己的業餘愛好？
6. 是否為自己制定了情緒處方並且堅持執行？
7. 是否減少了由人際交往帶來的煩惱？
8. 是否減少了使用電子產品的時間？
9. 是否降低了「買買買」的衝動？
10. 是否形成了規律的飲食習慣？

　　工作／事業

1. 工作的時候是否認真、投入？
2. 是否和同事以及老闆保持良好的關係？
3. 是否越來越享受自己的工作？

4. 是否替自己制定了本月的工作目標且正在執行？
5. 是否在多方面提升了自己的工作能力？
6. 是否提升了工作效率？
7. 是否在工作中有更多的想法和靈感？
8. 是否有思考未來的事業方向？
9. 是否將工作上的壓力轉變成了動力？
10. 是否對未來有更清晰的規劃？

健康／幸福

1. 是否每日攝取一定份量的蔬菜和水果？
2. 是否每週堅持規律的運動？
3. 是否保持規律的作息時間？
4. 是否容易入睡？
5. 是否有時間去親近大自然？
6. 是否保持乾淨整潔的生活和工作環境？
7. 是否在生活中發現了新的樂趣？
8. 是否常常感到快樂？
9. 是否能夠掌控自己的行為？
10. 是否常常給自己心理暗示？

舊習復發

　　習慣並不是一成不變的，隨著年齡、閱歷以及周圍的生活環境的改變，人的習慣會逐漸改變。不過，大部分習慣都

■第4章　簡化生活，釋放情緒空間

是在無意識的狀態下養成的，所以你並不會感受特別深，然而想要刻意改變一些習慣，或者將某一行為變成習慣，那麼你需要有意識地去訓練自己。一旦警覺意識降低了，這一行為就會被你逐漸拋棄，又回到以前的狀態。因此，舊習復發是常有的事情，所以你不用懷疑是不是自己又失敗了。

舊習復發就像感冒咳嗽一樣平常，只要你稍加「調整」，就可以恢復積極正面的行為。切勿認為舊習復發就意味著宣告失敗，只得放棄。一開始，舊習復發的頻率會比較高，但時間越往後，頻率就會越低。只要有舊習慣的慣性存在，就會有舊習復發的機率，所以你只需以平常心去面對它就可以。

進展不順利

除舊習復發會干擾你的行動之外，執行過程中的即時心態也有可能增加你的阻力。比如當你決定做這個計畫時，你是興奮的、快樂的，意識層面和精神層面都告訴你，這麼做是對的。但就是執行的時候做不到。在開始行動的時候有困難，總是沒有執行力，或者在行動的過程中感覺很難受，希望趕快停止。

做計畫和行動需要兩個不同意識層面的心理準備。有意識地去做計畫，說明你已經認可了這件事的價值，但是在行動上你還需要有應對即時情緒的一些措施。

這時候，你需要把重心放在替自己制定情緒處方上。例如，針對當下瞬間的負面感受，你可以用心理暗示、超覺靜坐或者自我對話的方式，將自己當下的行動與潛意識進行統一，以使自己的行為能夠順利進行下去。

修改方法

有時候，達不到目的並不是因為設定了錯誤的目標，而是設定了錯誤的路線，或者說是不屬於自己的路線。舉個例子，當你決定騎腳踏車去某個地點，然後用地圖查找了一條最近的路線。但是，你卻沒有考慮這條路線是否適合騎腳踏車。如果這是一條地鐵路徑，那麼顯然這條路線根本不可行。

替自己設定計畫方案也是如此，如果你發現無論你使用何種方法都做不到時，那麼你需要重新設定計畫。把自己的思維和行為模式考慮進去，讓方案盡量貼合自己的既定習慣。

反覆修改方案的過程，也是了解自己的過程。原先你認為自己可以做到，執行起來卻發現怎麼都不行，那麼，這時你就要觀察自己的一些感受和行為。你越了解自己，就越能管控好自己。

第 4 章　簡化生活，釋放情緒空間

第 5 章
用美好滋養內在的精神世界

　　人的時間和精力都是有限的，你不可能在同一時間裡接受外界所有的資訊。如果你在當下選擇了接受負面的資訊，那麼此刻你就會感受到負面的情緒。相反，如果當下你選擇接受正面、積極的資訊，那麼你就能感受到正面、積極的資訊帶給你的力量。

　　不過，在負面情緒的影響下，你可能會無意識地思考和接收負面的資訊。這種情況持續時間可能長，也可能短。如果你的精神世界是飽滿的、積極的，即便有一些負面情緒偷襲你，你的精神世界也會很快把它趕跑。

　　因此，最後一步，建立自己的精神王國。將正面的、積極的、美好的思想和價值觀作為修築自己精神王國的磚瓦。當自己的精神王國足夠強大時，負面情緒就會如同外邦使者一般，只能短暫停留後離開。

第 5 章 用美好滋養內在的精神世界

培養正向心態的日常練習

有兩個人從鐵窗向外望去,一個人看到的是滿地泥濘,另一個人看到的卻是滿天繁星。

生活就是一面鏡子,你笑,它也笑;你哭,它也哭。

—— 薩克萊(William Makepeace Thackeray)

一切事物都具有兩面性,我們的心態也是如此,有時積極,有時消極。如果你沒有建立起自己的精神王國,你的積極心態和消極心態就會時不時地打架。如果短時間內積極心態贏了,你就會以正面的情緒去指揮你的行為;反之,如果消極心態贏了,你就會以負面的情緒去行動。

在積極的心態下,你會用更理智、更富有熱情的一面去行動,你會更接近自己的目標,會更容易感受到快樂,也會更容易成為內心強大的自己。而在消極的心態下,你很難完成自己的計畫,甚至你的行為最終會讓你感到痛苦,你會變得不自信、迷茫、焦慮,會離自己的目標越來越遠。

不過,在你還沒有開始建立自己的精神王國之前,你可能無法掌控自己的內心。對你而言,擁有什麼樣的心態完全是隨機的,即便你有意識想用積極的心態去面對一些事情,但仍舊無法做到。負面的感受已經完全把你包圍住,即便你

看到了積極心態可能會帶給你的正面力量，也沒有能力去選擇它。就好像完全被負面情緒俘虜了，憑一己之力暫時無法拯救被困住的積極心態。

因此，現在你要做的是在自己的精神世界裡，幫助積極心態去建立它的王國。羅馬不是一日建成的。同樣，強大的精神王國也不是一日建成的。

準備時間

無論搭房子還是建造工程，首先你需要的是時間。沒有時間去打地基，沒有時間去砌牆，這個專案也就無法執行。建立龐大的精神王國，需要你每天花一些時間修築它。終有一天，在你不經意間，它就變成了一棟城堡、一座城池、一個帝國。

你每天留給自己多少時間，決定了你建造它的速度，也決定了它的規模。每天 10 分鐘，一個月就是 5 小時，一年也就是 60 個小時。如果每天 1 小時，一個月就是 30 個小時，一年便是 360 個小時。

如果剛開始每天 1 小時對你來說有些困難，那麼你可以試著每天 10 分鐘，然後不斷地增加這個時間，並逐漸把它融入你的生活中。

第 5 章　用美好滋養內在的精神世界

修築地基

　　有穩固的地基才能建造穩固的房子,當負面情緒的狂風襲來時,你的房子才不會輕易被颳倒。精神的地基其實也就是你的思想,你的腦海裡有越多的正面想法,你就越容易辨識自己的負面情緒。當負面情緒出現時,你不用親自動手去抵制,你的正面情緒會自動把它辨識成異類,將它從你的腦海中踢出去。

　　那麼如何讓自己的大腦中有更多的正面力量呢?

　　書籍是培植智慧的工具。

　　　　　　　　　　—— 康米紐斯（John Amos Comenius）

　　想要逐步打造自己正面積極的思想,不妨花時間去閱讀一些心理勵志類書籍,可以幫你重拾信心,建立積極的心態。我們的行為總是受思想的控制,如果拋開思想層面,單從行為上去管控自己,那麼你會感覺到很痛苦。當思想和行為不一致的時候,你的行動就會成為一種自虐。

　　不僅達不到最終的目的,還會讓自己受到深深的傷害。

　　想要獲得積極的心態,就要花時間去了解和認識它。

　　新認識的朋友總是沒有老朋友的感情基礎深厚,縱使與新朋友一見如故也難有老朋友之間的信任感,這其中就是因為少了時間的累積。

對於沒有勇氣去選擇積極心態的你來說也是如此，你對積極心態的了解不夠深，對它的信任也就不會深，所以當你遇到難事的時候，你可能也想不到請它來幫忙。

對你而言，你現在可能更傾向於隨機的心態，哪類心態先到，哪類心態就會成為你行動的主導思想。但如果你習慣了消極思想的行事作風，那麼負面的心態就會控制著你的行為。所以，你必須要讓自己逐漸去感知積極心態，對積極心態產生信任、依賴。用正面的思想去打造自己精神王國的地基，這樣，你之後的所有行為都會交由積極心態來處理。

辨識心態

堅強和逞強是不一樣的。堅強是內心的篤定，是對自己的信任。逞強則是明明內心是消極的、悲觀的，卻強迫自己用積極的處事態度去行動。越逞強，內心會越痛苦、越脆弱。所以在行動前，你要先問問自己的感受是什麼樣的。在痛苦的狀態下，無論你如何極力去模仿積極的行為做事，你依然會感到很痛苦。因為你的行動不符合你的心態，所以要先去辨識自己的心態，將心態調整到一個良好的狀態，再重新計劃你的行動。

怎樣才算是積極的心態？

第 5 章　用美好滋養內在的精神世界

・樂觀

樂觀是對當下和未來的一種正面判斷。在困境中，樂觀的人會認為，這些困難都是暫時的，它們總會過去，就像黑夜過後，太陽總會升起。

・信心

信心是一種認可。充滿信心的人總是獨立的、強大的。他不需要依靠任何人、任何信仰，相信靠自己就能夠達成目標。他不會把希望寄託在別人身上。他相信唯有自己能夠改變自己，把自己當作最堅強的後盾。

・活力

活力是一種對生活的態度。充滿活力的人，會認為一切都是可執行的，只要自己付諸行動，就能達到目的。充滿活力的人往往也是精力充沛的人，會比常人更有力量去完成一件事情。

・感恩

感恩不是一種不自信的表現，恰恰相反，感恩是自信的結果。自信的人不僅相信自己，也相信他人。內心充滿感恩的人，會更加堅定自己的努力，也會對世界充滿感激。因此，感恩的人往往具有奉獻和犧牲的精神。

・愛

　愛讓人類能夠存活並繁衍至今。沒有愛的世界，人類會自相殘殺。愛也是世界上最偉大的力量，任何邪惡的力量遇到愛都會如同冰雪遇到火焰一樣快速消亡。而獲得愛最好的辦法就是先自愛然後付出愛。

第 5 章 用美好滋養內在的精神世界

將焦點放在他人的光亮之處

建立自己的精神帝國，沒有藍圖是行不通的。建築任何一項工程都需要藍圖，如果盲目建地基、砌牆，那麼你可能連一個小房間都搭建不出來。此外，要想建構一座富麗堂皇的宮殿，你還需要準備很多材料，比如精美的大理石磚塊、色彩絢麗的琉璃。

在沒有足夠材料的情況下，你的方案藍圖可能也僅是個草圖。可是這些建築材料，去哪裡找呢？

自己沒有的東西，是很難創造出來的。所以你要學會借力，從別人的身上去找，然後在自己的身上複製它，並且持續複製下去。擁有越多的美好品格，你能建造的精神帝國就會越龐大。

用你的感官去搜尋別人的優點，把你的注意力放在關注他人的優點上，然後去模仿這些良好的品格，讓它們變成你的優點。

馴服自己的思維

很多人的思維常常是混亂的。在感覺良好的時候，會認為這是對的事情，而在感覺糟糕的時候，則會否定這一切。

當思維不受控制的時候，你就沒有辦法集中自己的注意力，更別提去搜尋別人的優點。尤其當負面感受來得非常迅速時，一切行為都將由不得自己，你根本沒有時間去思考自己應該做什麼。

其次，當你把注意力集中到別人的缺點上時，你會感受到一些排斥的情緒，比如生氣、憤怒等負面情緒，因為這些缺點不符合你的價值觀，所以你的負面情緒在極力抵抗它。而你的這些負面情緒往往也會讓他人感受到，因為情緒是會傳染的。你討厭一個人的時候，會做出許多行為來展現你的討厭，而這些行為可能是你無意識的展露，但是別人卻能清楚地感受到。

負面情緒就如白蟻一樣，它會侵蝕你的精神「材料」，也就是你的優點。因為當你展現「討厭」情緒的時候，你的優點就會被隱藏起來，久而久之，甚至會慢慢消失。所以，為了保住自己已有的優點，你必須要把這些「白蟻」消滅掉。否則，在你還沒修建好自己的精神帝國前，你的材料就都被這些「白蟻」給侵蝕掉了。

那麼，如何才能避免這樣的情況發生呢？

你必須學會時刻馴服自己的思維，讓思維朝著你的既定方向走去，而不是任由它隨便發展。在你還沒有產生負面情緒之前，先把注意力集中到「搜尋」這件事上，反覆提醒自

己：要建構精神帝國，就要尋找建造材料，把注意力都集中到尋找他人優點的這件事情上，讓每一個人都成為你的幫手。

如果你一時間忘了這件事，已經做出了一些不恰當行為，那麼，這時候你必須要修正它、捨棄它。及時向他人道歉，並努力改正自己的行為。對自己施加一些壓力，讓自己進行反思。

與別人的優點相處

複製別人優點的途徑是模仿，而模仿的前提是你要先學會了解，了解別人是如何擁有這些優點的。

不要和別人的缺點相處。如果他是一個具有愛心但懶惰的人，那麼你不要和他一起懶惰，也不要去專注於他的懶惰，因為這會影響到你的思維。當你腦海裡刻下他懶惰的畫面後，你也會在不經意間去模仿他的懶惰。

升級自己的優點

想要獲得一條魚，你就要先擁有魚竿；想要獲得一筐魚，那麼你就要擁有漁網。除了搜尋別人的優點以外，你

還要擁有製造這些「優點」的工具，並且不斷去升級這些工具。

優點也有等級之分，比如毅力。有些人可以在無人監督的情況下每週堅持 3 小時的學習，而有些人則可以堅持每週學習 7 小時。同樣是毅力，每個人能達到的程度卻是不同的。因此你要學會不斷去升級自己的優點。

把時間都花費在升級自己的優點上，你的精神帝國會變得無比堅固，即便有陌生的「外來客」跑進你的精神王國裡，想要攻擊你，也難以偷襲成功。

如何去升級這些優點呢？

當你沒見過漁網的時候，你會認為魚竿是捕魚最快捷的工具。所以，你必須時刻保持謙虛，告訴自己人外有人，天外有天，以開闊的視野和胸襟去尋找更優秀的品格，然後了解它、模仿它。把這種優秀品格變成自己的，不斷去升級自己。

不過，對於離自己很遙遠的人，即便你能發現他身上的優點，也很難去獲得他的優點。因為他並不在你身邊，你無法了解他的思維和行為邏輯，更不要提模仿。因此，你要從自己身邊的人著手，先去學習身邊的人的優點。只有當你越來越強大，你才能進入到一個更強大的環境中。

尊重與讚美，成就雙向良善

在人之上時，要把別人當人；在人之下時，要把自己當人。

—— 曾國藩

只憑一句讚美的話我就可以充實地活上兩個月。

—— 馬克・吐溫（Mark Twain）

要想從別人的身上習得他的優點，就要去學會與對方相處，這樣你才能模仿到他的優點。而如果對方討厭你，那麼你就無法靠近他，自然你們也無法成為朋友。

而沒有朋友的幫助，靠一己之力是很難完成建造精神帝國的宏偉事業的。因為個人所擁有的資源是有限的，縱使你知道世上一切的正面力量，也無法真正獲得它們。就像你看到過有毅力的人，知道樂觀的人如何處事，但你不了解他們的思維，在沒有思想力量的驅使下，行為是很難保持下去的。例如，你知道你的同事每天下班後都在學習，但是你卻做不到這一點，這就是因為你沒有他思維上的驅動力。

這也就是為什麼，你看了一萬種方法，知道了一千種技巧，但是你仍然無法做到，其根本原因是因為你還沒有獲得

驅動你執行這些事情的思維。

獲得思維的途徑不光只有閱讀，還有你的朋友。雖然閱讀能幫助你拓展思維，但這還遠遠不夠，你需要的是來自多角度的思維提升。此外，你也不可能做到除了睡覺以外都在閱讀，但你每天除了睡覺的大部分時間卻幾乎都處在人際交往中。在職場上，你會遇到同事、上司和客戶；在家庭中，你擁有父母、伴侶和孩子。而這些人都可以成為你的朋友，成為你學習的對象。

所以，你需要一把萬能鑰匙去真正打開你與所有人之間的關係，而這把鑰匙就是尊重和讚美別人。如果沒有這把鑰匙，即便你找到了存放寶藏的盒子，你也沒有能力擁有這些寶藏。這也就是為什麼你的人脈最終只能成為你認識的人，卻沒能成為你的資源。

所以，你現在要做的不是再去挖掘藏寶盒，而是要先去打開你身邊的寶藏，也就是去重新打開你與身邊人之間的關係。

每個人都希望自己是有價值的，而尊重別人，會使他人感受到肯定。當一個人的人格、行為受到尊重時，他才會更願意去展露自己的優點和價值。而當一個人受到他人不尊重的對待時，他可能會認為自己在做沒有意義的事情，從而選擇隱藏自己的價值。

第 5 章　用美好滋養內在的精神世界

尊重你的同學、同事，你就會贏得更多的真心朋友；

尊重你的老師、上司以及父母長輩你就會在他們的教導中領悟到更多的知識和人生的道理。

尊重別人也是尊重自己，因此要想獲得他人的尊重，就要先了解如何去尊重別人。這個「別人」，不僅是你身邊認識的每一個人，也是每天與你擦肩而過的陌生人。

什麼是尊重

1. 不要隨意對別人評頭論足，不要使用道德綁架。
2. 不隨意打探、偷聽別人的隱私。
3. 不要把自己的價值觀強加於人。
4. 尊重別人的生活方式。
5. 不要洩漏別人的祕密。
6. 不要嘲笑別人的缺點。
7. 體諒別人的難處。
8. 不隨便找他人的麻煩。
9. 不隨意對別人發洩負面情緒。

用讚美拉近關係

尊重可以幫助你開啟關係，但是想要進一步拉近關係，你還需要學會讚美。讚美也是對他人價值的肯定，所以當你

找到別人的優點後，你一定要說出來，告訴他。你可以試著換位思考一下，當別人讚嘆你有毅力時，你一定會感到喜悅。而這時候如果別人再問你是如何做到的，你一定會毫不吝嗇地去告訴他你的思維方式。同樣，如果你想要了解別人是如何做到你所做不到的事情，你首先要給予別人讚美。

不過讚美也是有技巧的，有時候不適宜的讚美不僅不能拉近關係，還會破壞你們之間的關係。

為了讓自己更好地去運用「讚美」的技巧，你可以先試著用以下要點來讚美你身邊最親近的人，比如你的父母以及你每天都會見到的人。

1. 真誠，發自內心感嘆

每個人都喜歡聽到別人讚美自己，但並非所有讚美都能使對方感覺高興。能讓對方高興的只能是那些根據事實、發自內心的讚美。相反，你若無憑無據，虛情假意地去讚美別人，他不僅不會感到高興，相反還會認為你是一個虛情假意、油腔滑調的人。

2. 不要太頻繁，不要誇大

讚美別人還需要注意分寸，如果一天之中給予別人太多的讚美，別人會認為你是在故意討好他。人都有防備心理，故意討好別人會讓人覺得你另有所圖，反而會故意遠離你。

3. 不要當眾讚美別人

當眾讚美別人是一件危險的事情，如果言語不恰當，你還會在不經意間破壞你建立起來的人際關係。比如你與一群同事在一起時，你當眾點名誇讚一個人的優點，那麼其他人可能會認為你在拍馬屁。這會使得大家對你產生不好的印象。所以讚美別人，你只需要告訴對方一個人即可。

4. 用心觀察

用心觀察別人不輕易展露的優點，這會使他人感受到你的智慧，並且願意與你深交。當別人願意與你進行更多的接觸時，這就意味著他願意向你展現他更多的一面，你也就可以從多個角度去學習他的優點。

此外，讚美並不一定要用言語去表達。有時，投以讚許的目光、做一個誇獎的手勢，傳遞一個友好的微笑同樣也能達到讚美的效果。

透過付出,創造內在價值

如果一個人僅僅想到自己,那麼他的一生裡,傷心的事情一定比快樂的事情來得多。

—— 馬明‧西比利亞克

幫助別人得到他想要的,自己就會夢想成真。

—— 佚名

快樂是精神王國的支柱,沒有快樂的支撐,你所有的積極行為都將成為一種表象。內心不快樂,即便你身處華麗的宮殿,你也只會感受到孤獨和寂寞;而內心快樂的人,即便蝸居陋室也能坦然自若。

快樂不在於山野裡,也不在人群中;快樂既不是一件物品,也不是某個人身上的優點,因此你無法透過「找尋」來獲得快樂。

那麼快樂從哪裡來呢?

偉大的文學家高爾基幫我們找到了獲得快樂的方式「助人為快樂之本」,意思是想要獲得快樂就要給予別人幫助。

很多人總祈求獲得他人的幫助。在精神上找依靠,在物質上找依靠,最後把自己全盤依靠出去了,那麼你也就沒有了自己的價值。

第 5 章 用美好滋養內在的精神世界

而提升自我價值的最高境界就是幫助他人。舉個例子，在一個 100 人的公司裡，如果你能夠幫助 10 個人解決工作上的問題，並且能夠不斷地提升他們的能力，那麼你就會成為經理。再進一步，如果你能夠幫助 100 個人解決工作上的問題，並且給予他們成長的力量，那麼你就會成為公司的 CEO。

幫助別人的過程也是提升自我的過程。試想一下，如果目前你的能力只能幫助一個人，而你想要幫助更多的人，那麼你就需要透過其他途徑不斷進行自我提升，這樣你才能幫助到更多的人。

自幫自助，你會獲得精神上的獨立和自由；而幫助他人，你會獲得精神上的快樂和享受。

孟子曰「獨樂樂不如眾樂樂。」一個人的快樂是有限的，成就也是有限的，幫助他人快樂，你的快樂才會加倍，幫助他人成功，你才能取得更大的成功。

一個人建立自己的精神王國是孤獨的，如果你能和更多的人與你一起建造精神王國，那麼所有人都將相互賦能，一起成長。把你的優點與他人分享，那麼他人也會把他的優點與你分享。

此外，利他和利己是沒有辦法完全獨立開來的。完全的利他主義會使你受到傷害。而一味奉行利己主義，又會使你

失去更多。假設你現在得了傳染病,那麼此時你幫助他人的最好方式就是先讓自己痊癒。只有你自己健康了,你才有能力去幫助他人。但如果你在生病的狀態下,去「幫助」他人只會害了他人。

心理學家研究顯示,懂得以下三個原則去幫助人,才能讓自己與他人達到最大的雙贏。

1. 在不傷害自己的狀況下幫助他人

幫助他人是一件快樂的事情,如果用傷害自己的方式來幫助他人,那麼這就不是幫助,而是情感綁架。這樣做不僅自己會痛苦,被幫助的人也會感到很痛苦。

比如,你和你的朋友同時面試一家公司,但是面試時卻得知公司只能錄用一個人,而你這時候主動把機會讓給你的朋友。你認為你犧牲了自己的利益來幫助朋友,應該會得到朋友的感激。而你的朋友很可能會感到氣餒、愧疚甚至反感你的行為。

2. 給予他人需要的幫助

每個人都有獨立自主的權利,給予他人不需要的幫助,其實是剝奪了他人成長的權利,甚至還會加重他人的負擔。

在生活中,很多家長把幫助孩子當作一種責任,事無鉅細地幫孩子處理各種困難,認為這是一種愛。可是這種愛不

僅不會讓孩子感激你，甚至還會傷害孩子的成長。

同樣在職場上，如果他人遇到了困難但是卻沒有向你尋求幫助，那麼你不應該隨便去幫助他。給予他人成長的機會也是一種美德。如果你是老闆，那就不要把自己變成像孫悟空那樣無所不能，不然你的員工就會像豬八戒一樣，什麼也不願意做。

3. 先尊重再幫助

「君子不食嗟來之食」，幫助他人的同時要給予他人尊重，否則你的幫助就會成為一種人格侮辱。

心理學家發現，當人本能地向外尋求幫助時，其內心的狀態也是脆弱的。因此面對他人脆弱的一面，你如果展現出強勢的態度去給予幫助，那麼他人的內心就會受到傷害。

在你建構自己的精神王國時，可能會遇見許多的美好品格，如善良、認真、節儉、直爽等，但是所有的美好品格都有一定的限度。萬事萬物，過猶不及。過分善良會滋養邪惡，過分認真會變成固執，過分節儉就會顯得小氣，過分直爽則會得罪他人。

建構自己的精神世界也是在平衡自己的情緒，探尋更有智慧的思維方式。完全沒有情緒的人，內心世界是空虛的、麻木的，他感受不到快樂，也體會不到痛苦。而總是活在負面情緒

中的人,內心世界則是混亂的、黑暗的。不過,你也要正視負面情緒的存在,因為它能幫助你找到對的事情,對的自己。

強大的精神世界是平靜的、祥和的。它既能容納你的快樂,也能包容你的悲傷。不要去追求極致的快樂,因為那也是痛苦的開始。

第 5 章　用美好滋養內在的精神世界

重新點燃生活的熱情之火

　　經驗告訴我們：成功和能力的關係小，和熱心的關係大。

—— 貝克登

人應當具有熱情，但是也應當具有駕馭熱情的本領。

—— 波耳

　　沒有熱情的精神王國是黯淡的、死氣沉沉的、沒有活力的。如果信念是驅動你前進的燃油，那麼熱情就是提供動力的馬達。沒有持續的熱情，做任何事情都容易半途而廢。

　　熱情不是外在的，不是靠行動就能夠訓練出來的，也不是靠任何技巧就能夠獲得的。它是你內在的渴望、追求，是打心眼裡的愛。

　　沒有熱情，無論你做什麼都會很吃力。同樣的工作，為什麼你會有負面情緒而有些人卻沒有；同樣的一件事，為什麼別人可以堅持下來，而你卻做不到；同樣的目標，為什麼別人可以達到，而你卻在剛開始時就放棄了。

　　這一切的原因就是因為你沒有找到啟動身體的馬達，找到你的內在熱情。

　　也許你會認為，只要做自己喜歡的事情就會有熱情。可是你別忘了，喜歡只是一種感覺，它不過是情緒的一種。而

情緒就像雲霄飛車一樣,它有高峰也有谷底。所有的情緒都有時效性,今天喜歡,不代表明天也會喜歡。僅憑感覺行事,那麼你就會成為情緒的奴隸。

喜歡的確可產生熱情,但是喜歡卻不能持續地製造熱情,愛卻可以。喜歡是感性的、衝動的放肆,但愛是理性的、本能的克制。喜歡是來自於對外界的感受,而愛是向內探尋的結果。

愛能幫你做出更好的判斷,而喜歡卻常常會讓你受到傷害。再進一步說,愛可以成為你精神王國的防護盾。當你有負面情緒的時候,愛可以很好地保護你,讓你不受負面情緒的影響。

愛自己

要找到自己的熱情所在,首先就要學會愛自己。要知道熱情來自於愛,沒有愛何來長久的熱情。愛的發源不是別人,不是外在的一切,而是你自己。你必須學會去愛自己,並且學會真正地去愛自己、為自己著想。這樣當負面情緒襲來的時候,愛會幫你選擇對你最有利的行為。

為什麼你做很多事情都堅持不下去,其實就是因為你不夠愛自己,不夠愛自己的時間,不夠愛自己的健康,不夠愛

第 5 章　用美好滋養內在的精神世界

自己的將來。

很多人在深思熟慮後，決心要好好提升自我，於是就買了很多書，報名了很多課程。但是沒過多久，就開始覺得煩躁，靜不下心來，覺得無法堅持下去了，最後輕而易舉就放棄了。可如果你足夠愛自己，即便此刻有了放棄的念頭，但同時你也會去思考，「可不可以放棄」、「放棄對未來的影響是什麼」、「如果在這個時間點不做這件事情，那我要做什麼」等。愛自己的能力會幫助你對情緒進行判斷，不會輕易讓你跟著情緒隨意行動。

愛自己，會讓你離自己的內心越來越近，反之，你離自己的內心越遠，負面情緒就會越多。愛自己是平衡內心情緒的最佳策略，愛也是尋找智慧的探測器。它會讓你在高興時不忘思考危機，在悲傷時不過度沉浸。

喜歡是一瞬間發生的事情，而愛的產生需要時間的累積。愛自己，就要學會去了解自己，了解自己的想法和行為。

現在，你需要的是從外到內地去審視自己，就像你新認識一個朋友一樣。你會先去了解他的行事作風，然後逐步了解他的內心想法。對於自己也同樣如此。具體的實踐方法詳見本書第 2 章、第 3 章、第 4 章。

不要刻意從外部尋找熱愛

曾經有位作家說,去尋找自己喜歡的工作,然後你就會有熱情和動力去做。事實上,很多人都不愛工作,比起工作很多人更喜歡在家睡覺打電玩。此外,任何一件事情都有利有弊。你努力工作雖然會犧牲自己與家人相處的時間,但你可以為家人提供更好的生活環境。世界上沒有一件事是十全十美的,有得必有失,但是有捨才有得。

也許你從小就喜歡畫畫,但是卻從沒有機會接受專業訓練,你認為畫畫應該是你喜歡做的事情。但是如果你了解學習畫畫會遇到的困難,以及需要付出的時間和精力,你認為你還會喜歡畫畫嗎?

大多數人都後悔自己在年少時沒有努力去堅持自己喜歡做的事情,可是如果時光真的能倒流,你能輕而易舉地克服當時的煩躁、壓力以及懶惰等負面因素嗎?如果你覺得你回到過去就可以克服這些困難,那麼,你現在也同樣能克服它們。

你需要的其實不是去做這件事的衝動,而是一個理由。為什麼你要去解開負面情緒的綁架?為什麼你要花時間、花精力去不斷提升自己?為什麼你要成為理想的自己?

因為這能讓你更接近自己的內心。

不被負面情緒綁架,讓你能夠從容地應對生活;不斷努

第 5 章　用美好滋養內在的精神世界

力花時間提升自己，讓你能夠擁有強大的精神世界；而成為理想中的自己，會讓你獲得終生幸福。

你可以喜歡任何一件事情，但前提是你要先愛自己。

你可以喜歡鋼琴、繪畫、程式設計，但是如果你不夠愛自己，那麼這些你所喜歡的事情，都將只是一時的念頭，你會很難堅持把你所喜歡的事情做下去。因為在你執行的過程中，會出現一系列的負面情緒，它們會不斷地試圖阻止你。

而如果你打心底裡愛自己，尊重自己的喜歡，珍惜自己的時光，敬畏自己的生命，那麼愛會幫你抵擋住所有的負面情緒。這並不是說，你會沒有負面情緒，而是當你有負面情緒的時候，愛會幫你思考此刻對你更有利的想法，從而驅動你做出更理智的行為。

啟動它

你已經知道如何應對負面情緒的所有方法，現在只差最後一步了，那就是啟動馬達 ── 下定決心。

所有的改變都起源於你的一個想法，當你想要改變自己的時候，所有應對負面情緒的方法都將發揮它的作用。

但如果你沒有這個想法，那麼即便了解無數個技巧，也無濟於事。

此外，光有想法還不夠，你還必須去深化這個想法，把它認定為非常重要且迫在眉睫需要去做的事情。建議你可以回到第 3 章，反覆運用心理暗示的技巧，去加深做這件事的決心。重新開啟一段人生，願你成為理想中的自己！

國家圖書館出版品預行編目資料

從「負面情緒」中找回平靜自我：解讀焦慮、失落與憤怒背後的情緒意義，在日常生活中練習回歸平靜的自己！/ 水木然，白芷娘魚 著. -- 第一版 . -- 臺北市：機曜文化事業有限公司，2025.05
面； 公分
POD 版
ISBN 978-626-99636-2-1(平裝)
1.CST: 情緒管理 2.CST: 生活指導
176.52　　　　　114006155

從「負面情緒」中找回平靜自我：解讀焦慮、失落與憤怒背後的情緒意義，在日常生活中練習回歸平靜的自己！

作　　　者：水木然，白芷娘魚
發　行　人：黃振庭
出　版　者：機曜文化事業有限公司
發　行　者：機曜文化事業有限公司
E - m a i l：sonbookservice@gmail.com
粉　絲　頁：https://www.facebook.com/sonbookss/
網　　　址：https://sonbook.net/
地　　　址：台北市中正區重慶南路一段 61 號 8 樓
8F., No.61, Sec. 1, Chongqing S. Rd., Zhongzheng Dist., Taipei City 100, Taiwan
電　　　話：(02) 2370-3310　傳　　真：(02) 2388-1990
印　　　刷：京峯數位服務有限公司
律師顧問：廣華律師事務所 張珮琦律師

-版權聲明-

本書版權為機械工業出版社有限公司所有授權機曜文化事業有限公司獨家發行繁體字版電子書及紙本書。若有其他相關權利及授權需求請與本公司聯繫。
未經書面許可，不可複製、發行。

定　　　價：299 元
發行日期：2025 年 05 月第一版
◎本書以 POD 印製